Ein  WAS IST WAS Buch

Zauberer, Hexen und Magie

Von Professor Dr. Christoph Daxelmüller

Illustriert von Filippo Pietrobon, Milan Illustrations Agency

„Der Hexensabbat" – Holzschnitt von Hans Baldung, 1510.

Tessloff Verlag

Vorwort

Magie und Zauber haben bis heute nichts von ihrer Faszination verloren. Doch gerade an diesem Thema scheiden sich die Geister. Hat es etwas auf sich mit den bösen und guten Kräften der Hexen und Zauberer, oder aber handelt es sich um Aberglauben oder gar um Betrug? Sicher ist, dass die Menschen früher an die Wirksamkeit der Magie glaubten. Sie fürchteten sich vor Hexen und Zauberern und vor dem Schaden, den diese vermeintlich mit ihren Zauberkünsten anrichteten. Aber sie suchten auch Schutz bei den weisen Frauen und Männern, bei den Dorfschmieden und Heilkundigen, die auf unerklärliche Weise Krankheiten zu heilen oder Gespenster zu vertreiben schienen. Der Glaube an Magie bot ihnen die Möglichkeit, plötzliche Unwetter, Krankheiten oder gar den Tod zu erklären.

Dieses WAS IST WAS-Buch geht der Geschichte der Magie im Abendland nach. Nach christlich-europäischer Überzeugung kann niemand zaubern, sondern benötigt hierzu einen dämonischen Helfer, den Teufel. Dadurch steht Magie in Widerspruch zur Religion: Magie ist Kult des Teufels und bewusste Abschwörung Gottes. Dies erklärt die grausamen Hexenverfolgungen der Frühen Neuzeit, dies zwingt aber auch dazu, bei der Gleichsetzung von Schamanen und Medizinmännern außereuropäischer Kulturen mit Hexern vorsichtig zu sein – der Europäer war bei der Konfrontation mit den Riten der ihm unbekannten „unzivilisierten Wilden" rasch mit dem Vorurteil der Hexerei zur Hand.

Das Buch schlägt den Bogen von der Antike über die Zauberprozesse des Mittelalters und die Hexenverfolgungen seit dem 16. Jahrhundert bis zu neuen Formen der Magie im 19. und 20. Jahrhundert. Es beschäftigt sich mit Zauberpraktiken und magischen Utensilien, mit Geisterbeschwörungen und mit der Kunst der weisen Frauen, mit berühmten Zauberern und jenen Frauen, die wegen Hexerei verfolgt, angeklagt und hingerichtet wurden.

Magie hat, auch wenn wir heute nicht mehr so recht an sie glauben wollen, ihre Spuren in Europa hinterlassen: die blutige Spur der Hexenverfolgung und den Aufbruch in die modernen Naturwissenschaften.

BAND 97

Dieses Buch ist auf chlorfrei gebleichtem Papier gedruckt.

BILDQUELLENNACHWEIS:

FOTOS: AKG, Berlin: S. 1, 3, 70r, 7ur, 10u,11u, 120l, 13u, 140, 16, 180, 18ul, 24m, 250, 31u, 340, 350l, 37u (2), 38, 390r, 44ur, 48; Bayerisches Nationalmuseum, München: S. 220r, 280 (Medaille/Rolle), 33u (Messer), 430l; Bayerische Staatsbibliothek, München: S. 330, 390l; BPK, Berlin: S. 190l, 29; Prof. Dr. W. Buggisch, Erlangen: S. 12u (3); Cinetext, Frankfurt: S. 46/ 47 (Pan Tau, Cinderella, Kleine Hexe, Eastwick, Harry Potter); Corbis, Düsseldorf: S.30l, 3u, 6ml, 6ur, 7ol, 8or, 8/9u, 90, 9ur, 150, 15um, 16/170, 39u, 400, 410l, 410r; Prof. Dr. C. Daxelmüller, Würzburg: S. 10mr, 21 (Fond), 29u, 30 (alle), 310l, 320m, 320r, 33um (3), 450l (2); DPA, Frankfurt: S. 41u, 43ul, 45u; Das Fotoarchiv, Essen: S. 430r, 43ur; Globalpictures: S. 47ul (Miraculix/DEFD); Herzog August Bibliothek, Wolffenbüttel: S. 15ml (150.50 Hist.); Hist. Farbarchiv, Dr. Christa Elsler, Norderney: S. 30r, 7ml, 8u, 110l, 130r, 14u, 17u, 210l, 35u (2); Historisches Museum, Regensburg: S. 34 (Tafel); Kiddinx Studios GmbH, Berlin: S. 46 (Bibi Blocksberg); Kunsthistorisches Museum, Wien: S. 170r; Landesdenkmalamt Baden-Württemberg, Esslingen: S.4u (P. Eisinger); Mary Evans Picture Library, London: S. 50l, 25ul, 44ol; Staatl. Museum für Völkerkunde, München: S. 45ul; Städtisches Museum, Lemgo: S. 370 (2); Stiftung Weimarer Klassik: S. 32u; Tessloff Verlag, Nürnberg: S. 25ur; Ullstein Bild, Berlin: S. 21u, 40ur; Zentralbibliothek, Zürich: S. 190r.

UMSCHLAGFOTOS: AKG, Berlin; Bayerisches Nationalmuseum, München.

ILLUSTRATIONEN: Filippo Pietrobon, Mailand.

Copyright © 2003 Tessloff Verlag, Burgschmietstr. 2-4, 90419 Nürnberg. www.tessloff.com

ISBN 3-7886-0639-8

Inhalt

Die Welt der Magie

Es geschah im Jahr 1488. Das ruhige spätsommerliche Wetter verhieß eine gute Ernte. Die Bauern aus dem Umland von Konstanz waren erleichtert; diesmal, so hofften sie, müssten ihre Familien im Winter nicht hungern. Auch am folgenden Tag herrschte herrliches Wetter. Nicht das geringste Anzeichen deutete auf eine baldige Wetteränderung. Plötzlich jedoch geschah das Unfassbare: Von einer Minute auf die andere verdüsterte sich der Himmel, ein heftiges Gewitter entlud sich, und ein Hagelschauer vernichtete vier Meilen weit alle Feldfrüchte. Die Ernte war verloren, ein neuer Hungerwinter stand bevor. Als der erste Schreck verflogen war, berieten sich die betroffenen Bauern. Denn bei einem so plötzlichen Unwetter könne es nicht mit rechten Dingen zugehen, bestimmt, so glaubten sie, sei Hexerei im Spiel gewesen. Bald fiel der Verdacht auf drei Frauen, die schon früher durch kräftige und gotteslästerliche Flüche für

Aufsehen gesorgt hatten. Schnell fand sich auch ein Zeuge, der Merkwürdiges gesehen haben wollte: Zwei Tage zuvor habe er um die Mittagszeit, als sich niemand mehr auf den Feldern befand, drei Frauen beobachtet, die dort kleine Gruben ausgehoben und Wasser hineingegossen hätten. Er sei näher herangeschlichen und habe tatsächlich gehört, wie die Frauen leise einige Zaubersprüche murmelten und den Teufel anriefen. Als das Wasser sich dann auf unerklärliche Art und Weise getrübt habe und ein heftiger Wind losbrach, habe er es mit der Angst zu tun bekommen und das Weite gesucht. Damit war die Spur gelegt: Das zuständige Gericht in Konstanz wurde verständigt. Die Frauen leugneten die Hexerei ab, doch für das Geständnis sorgte die Folter. Der Glaube an Hexerei hatte drei weitere Opfer gekostet.

Mittelalterlicher Kugeltopf aus Ton (13. Jahrhundert).

HEXE

Das Wort „Hexe" stammt aus dem Althochdeutschen; es lautete ursprünglich „hagezussa" und bezeichnete ein gefährliches Wesen, „das in der Hecke" sitzt. Denn die Menschen waren sich darüber einig, dass die Hexen ihr Unwesen im Verborgenen und Dunkeln treiben.

Früher glaubten die Menschen, dass Hexen mit einem Zauber Sturm und Hagel hervorrufen könnten.

Eine Hexe schüttet den Inhalt ihres Zauberkessels ins Meer aus. Ein Unwetter entsteht und Menschen sterben durch Schiffbruch. Holzschnitt von 1555.

ZAUBERER

Der Begriff „Zauber" geht vielleicht auf das angelsächsische Wort „tçafor" zurück, was soviel wie „Mennig" oder „rotbraun" bedeutet. Ob man mit dem Farbpigment Mennig beim germanischen Runenorakel die Runen einfärbte, ist bis heute nicht mit Sicherheit geklärt.

Wer sind Hexen und Zauberer?

Heute wissen wir über die Naturphänomene sehr viel besser Bescheid als die Bauern aus der Gegend von Konstanz. Wenn es plötzlich donnert, blitzt und hagelt, denken wir nicht an die Untat der Hexe im Nachbarhaus. Kommt ein Kind tot zur Welt, verdächtigen wir weder Arzt noch Hebamme des Kindsmordes, um an die Rohstoffe zur Herstellung der Hexensalbe zu kommen. Nur wenige Menschen konnten im Mittelalter lesen und schreiben. Für alles, was sie unerwartet, plötzlich und ohne einen ersichtlichen Grund traf, machten sie eine jenseitige Macht verantwortlich: Gott, der den Menschen ein Zeichen setzen oder sie bestrafen wollte, oder den Teufel, der sich mit einem Hexer verbündet hatte. Hier galt die Regel: „Was man nicht erklären kann, sieht man gern als magisch an" – und der Teufel besaß als Vater aller Zauberei seinen festen Platz im Glauben der Menschen.

Hexen, Zauberer oder Magier, die man einst auch „Malefizpersonen" oder sogar „Mathematiker" nannte, verfügen über, so glaubte man, unheimliche, übersinnliche Kräfte. Damit üben sie Einfluss auf andere Menschen aus und können sowohl

5

schaden als auch helfen. Man glaubte zudem, dass Hexen und Zauberer weissagen, Sterne deuten, aus dem Kaffeesatz oder der Kristallkugel lesen, Diebe vertreiben, verborgene Schätze auffinden und schützende Amulette herstellen.

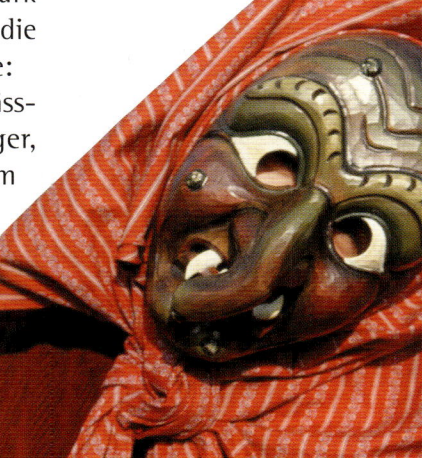

Im Jahr 1510 schuf Hans Baldung, genannt Grien, diese Darstellung einer Hexe auf dem Weg zum Hexensabbat.

Zahlreiche Dämonen bevölkern die Hexenküche auf diesem Gemälde mit dem Titel „Magisches Ritual" aus dem 16. Jh.

hannes Faust, ob der englische Gelehrte John Dee (1527-1608) oder der skandalumwitterte Graf Alexandre de Cagliostro (1743-95), begegnen uns stets als ansehnliche Mannspersonen.

Sie tragen wie Dr. Faust die Tracht der Gelehrten ihrer Zeit, gelegentlich spitze Hüte, lange Umhänge mit Sternen und Planetensymbolen, die goldene Sichel der Druiden oder den Zauberstab. Hierbei hat allerdings die Fantasie zahlreicher Künstler kräftig nachgeholfen.

Blättert man daher ein wenig in der Geschichte der Magie, dann macht man eine überraschende Entdeckung: Als Zauberer berühmt wurden nicht die Frauen, sondern ausschließlich Männer von Merlin bis hin zu Aleister Crowley (1875-1947). Doch seit dem 16. Jahrhundert stellte man in der Mehrzahl Frauen wegen Hexerei vor Gericht. Dies ist auf die untergeordnete Stellung der Frau in der historischen Gesellschaft zurückzuführen.

Wie veränderte sich das Bild von Hexen und Zauberern?

Im Laufe der Zeit änderte sich das Bild der Hexen und Zauberer. Im Mittelalter stellte man sich die Hexe in der Regel als junge, schöne, verführerische, häufig nackte Frau vor. Zur hässlichen, buckligen, alten Frau verwandelte sie sich erst im 19. Jahrhundert.

Die männlichen Zauberer hingegen blieben eigenartigerweise vom Verfall der körperlichen Schönheit weitgehend verschont. Sagenhafte oder historische Vertreter dieser Berufsgruppe, ob Merlin oder Dr. Jo-

Wie sieht eine Märchenhexe aus?

Wohl kaum eine andere Figur hat unsere Vorstellung von der Hexe so stark geprägt wie die Märchenhexe: Sie ist eine hässliche, zahnlose Alte mit langer, krummer Nase, Warzen und einem Buckel als Landeplatz für die schwarze Katze. Sie hackt Finger ab, um sie als Türschlüssel zu verwenden und

FASTNACHTSHEXE

Hässlich und strohdumm wie die Hexe im Märchen ist auch die Hexe im Kasper(le)-Theater. Vor allem aber gehört sie zur Fastnacht. In den südwestdeutschen und alpenländischen Fastnachtsumzügen verbergen sich Männer (und Frauen) hinter Furcht erregenden Holzmasken, vollführen den Hexensprung und reiten auf ihren Besen.

kocht Suppe aus zerhackten Körperteilen. Trotz dieser unappetitlichen Details kam bislang niemand auf die Idee, Märchen für Kinder zu verbieten. Dafür sorgt die Dummheit der Hexe. Am Ende steht sie als Verliererin da wie etwa im Märchen „Hänsel und Gretel" der Brüder Grimm: Sie lässt sich darin von den beiden Kindern überlisten: Hänsel, der gemästet im Kochtopf landen soll, streckt ihr anstelle seines Fingers einen dünnen Eisennagel durch das Gitter des Gefängnisses entgegen, und Gretel schubst die Hexe in den Backofen, wo sie verbrennt.

Eine Hexe und ihr Begleittier, die Katze, reiten auf einem Besen (Karikatur aus der Zeit um 1925).

„Hänsel und Gretel" im Lebkuchenhaus der Hexe.

Psychologen haben festgestellt, dass diese Grausamkeiten Kindern nicht schaden, sondern ihnen dabei helfen, selbstständig zu werden.

BERÜHMTE ZAUBERER

Dr. Faust erhält in Goethes Schauspiel Besuch von Mephisto.

Portrait des skandalumwitterten Alessandro Graf von Cagliostro.

Der große Zauberer Merlin diktiert einem Schreiber seine Lebensgeschichte.

FAUST Bis heute weiß man nicht, ob Faust, Inbegriff aller abendländischen Zauberer, überhaupt je gelebt hat. Er soll um 1480 geboren worden sein, Theologie studiert und sich später unter anderem in Erfurt und Nürnberg aufgehalten haben. Dieser historische Faust besaß vermutlich Kenntnisse auf dem Gebiet der weißen oder „natürlichen" Magie. Bald nach seinem Tod (vor 1540) setzte die Legendenbildung ein: Faust galt fortan als Zauberer und Geisterbeschwörer. Zu seinem Nachruhm trugen vor allem die Schauspiele Johann Wolfgang von Goethes bei.

CAGLIOSTRO Alessandro Graf von Cagliostro, der eigentlich Guiseppe Balsamo hieß und aus Palermo stammte, gelangte als Abenteurer, Alchemist und Betrüger zu schillernder Berühmtheit. Seit 1776 reiste er durch Europa und gewann bald mit spiritistischen Sitzungen, medizinischen Wunderkuren und angeblicher Goldmacherei eine begeisterte Anhängerschaft. 1785/86 wurde er in Paris in eine politische Affäre verstrickt, musste fliehen und wurde später in Rom als Ketzer zum Tode verurteilt, jedoch 1791 zu lebenslanger Haft begnadigt.

MERLIN Merlin, von seiner Mutter Myrrdin genannt, wurde von der Hexe Nimue aufgezogen, die ihn den Verwandlungszauber lehrte. Er machte Artus zum König Britanniens und verhalf ihm dank seiner Zauberkunst zum sagenumwobenen Schwert Excalibur. Aus Myrrdin aber wurde der große Zauberer Merlin in den Erzählungen über König Artus und den Rittern der Tafelrunde. Obwohl eine Gestalt der Sage nannte ihn Geoffrey of Monmouth in seiner „Geschichte der Könige Britanniens" von 1136 erstmals beim Namen und schrieb sogar seine Lebensgeschichte, die „Vita Merlini".

Zu allen Zeiten und in allen Religionen und Kulturen glauben die Menschen an eine übersinnliche, jenseitige Welt, an einen oder viele Götter. Sie unterscheiden Gut und Böse und räumen übernatürlichen Wesen und Kräften wie selbstverständlich einen Platz ein. In Ritualen, Zeremonien, Gebeten und mit Opfergaben wenden sie sich an sie und bitten sie um Gesundheit und Sicherheit in ihrem Leben.

Denn der Mensch muss sich tagtäglich mit seiner Umwelt und der Natur auseinander setzen. Wo er sich Armut, Unglück und Naturkatastrophen ausgeliefert fühlt oder Krankheit und Todesgefahr nicht

natürliche Weise Hilfe in einer Notlage, spricht er von einem Wunder. Nimmt er aber sein Schicksal selbst in die Hand, dann betreibt er Magie. Im Christentum bedeutet Magie einen Widerspruch zur Religion, da sie als Werk des Teufels gilt.

Doch nicht alles, was wir als Magie betrachten, ist tatsächlich auch Magie: Hexen und Zauberer gab und gibt es zu allen Zeiten und in allen Kulturen. Was die Menschen als Magie bezeichnen, unterscheidet sich jedoch ähnlich wie die „magischen Systeme": Der afrikanische „Hexendoktor" hat we-

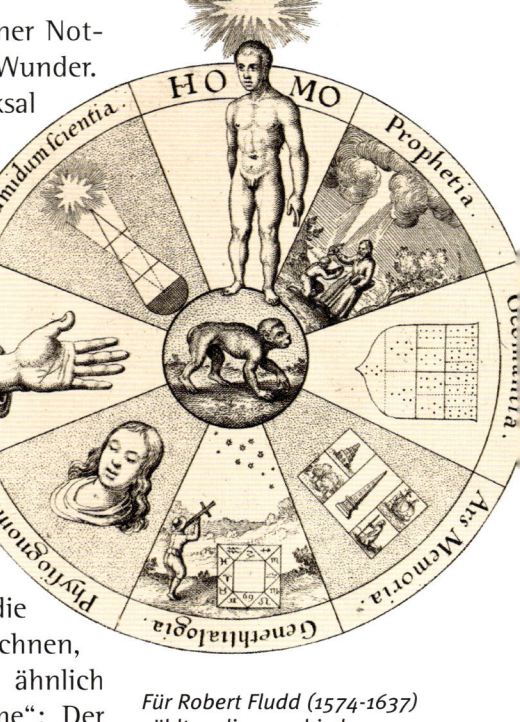

Für Robert Fludd (1574-1637) zählten die verschiedenen Wahrsagetechniken zu den Möglichkeiten des menschlichen Wissenserwerbs.

Hilfe suchend wendet sich eine Dame an die Wahrsagerin, die ihr das Schicksal aus der Hand liest.

mit eigener Kraft zu bewältigen vermag, wendet er sich an eine Macht im Jenseits. Dies kann ein Heiliger ebenso sein wie ein Schutzgeist. Erhält er überraschend und auf übernatürliche Weise Hilfe in einer Not-

nig mit dem Schamanen der Indianer oder der eurasischen Völker, der keltische Druide rein gar nichts mit den Heilern in Asien oder dem Zauberer unserer Breiten zu tun.

ABERGLAUBE

Heute ordnet man die Magie dem Aberglauben zu: Man sagt, sie bewirke ebenso wenig wie ein Schornsteinfeger, ein vierblättriges Kleeblatt, die Zahl 13 oder eine schwarze Katze. Im Mittelalter aber besaß der Begriff Aberglaube (lateinisch „superstitio") eine andere Bedeutung. Er war gleichbedeutend mit der Verehrung des Teufels und dadurch mit dem Verstoß gegen das erste und wichtigste der Zehn Gebote, das besagt, dass man keine anderen Götter verehren solle. Erst im 18. Jahrhundert betrachtete man den Glauben an Zauberei, Dämonen und Geister als „abergläubisch".

Tarotkarten mit Motiven wie Sonne, Narr und König dienen der Zukunftsdeutung.

MAGIER

Ein alter Begriff für Hexen und Zauberer ist „Magier". Er leitet sich von den „Magern" ab, einem antiken Stamm im westlichen Iran. Daraus entwickelte sich in Griechenland die Bezeichnung für eine Priesterkaste, die sowohl für die Opfer an die Götter als auch für Traumdeutung und Wahrsagerei verantwortlich war. Unter Magie verstand man in der Antike in erster Linie die Lehre einer bestimmten Gruppe von Priestern und erst später das geheime Zauberwissen.

Was ist Magie?

Magie ist die Kunst der Hexen und Zauberer, mit festgelegten Ritualen und zauberischen Hilfsmitteln Einfluss auf andere Menschen, auf Tiere oder auf die Natur zu nehmen. Dies kann in böser Absicht geschehen, um Schaden anzurichten, Krankheiten anzuhexen oder gar zu töten. Davon zu unterscheiden ist jene Magie, die etwas Gutes bewirkt, die Krankheiten heilt oder dem Menschen in anderer Weise hilft. So „besprechen" noch heute weise Frauen Wunden oder „hexen" Warzen weg.

Ob Magie gut oder schlecht ist, hängt daher stets von der Absicht des Magiers ab. Er kann Verborgenes erkennen (Kryptoskopie) und damit nützen, aber auch vergrabene Schätze finden und dadurch ohne große Arbeit zu Geld kommen. Er vermag mit dem Diebeszauber Hab und Gut vor Räubern zu schützen, allerdings ist er auch in der Lage, den Dieb zu töten.

Zu den magischen Künsten rechnet man ferner die Wahrsagerei, so zum Beispiel die Astrologie sowie andere Techniken der Weissagung wie die Beobachtung des Vogelfluges, die Aeromantie (Beobachtung der Wolken), die Eingeweideschau, die Coscinomantie (Sieborakel) oder das Loswerfen (Sortilegium), schließlich die Zukunftsdeutung mit Hilfe einer Kristallkugel (Kristallomantie) oder eines Spiegels.

Doch schon im Mittelalter galten gerade diese Künste eher als „Wissenschaft" denn als zauberische Praxis, da sie den „Magier" zwangen, den Himmel und die Natur sehr genau zu beobachten.

Heute wissen wir, dass zwischen dem Zauberritual und seiner vermeintlichen Wirkung weder ein sichtbarer noch ein natürlicher, also physikalisch erklärbarer Zusammenhang besteht.

Michel de Nostre-Dame (1503-1566), genannt Nostradamus, soll sogar Ereignisse des 20. Jahrhunderts vorhergesehen haben.

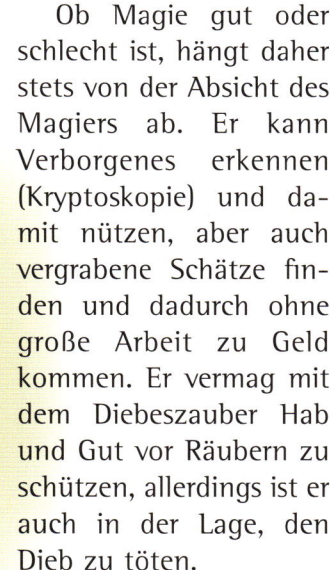

Ein babylonischer Priester bereitet eine Leberschau vor. Damit konnten Ereignisse während der Regierungszeit eines Königs vorhergesagt werden.

BERÜHMTE MAGIER

Um den neugeborenen Christus zu verehren und ihm Gold, Weihrauch und Myrrhe zu schenken, kamen, so der Evangelist Matthäus, drei „Magier aus dem Morgenland", also aus dem Osten. Den Weg nach Bethlehem fanden sie dank eines Sterns (Mt. 2, 1-12). Durch die Erzählung bleibt die Erinnerung an die berühmten Sterndeuter aus Chaldäa, dem alten Mesopotamien, lebendig. Die Legende nannte sie später Kaspar, Melchior und Balthasar. Ihre sterblichen Überreste gelangten zuerst nach Mailand und 1164 nach Köln, wo man für sie einen prachtvollen Reliquienschrein anfertigen ließ.

Exakte Nachrichten über das Treiben von Hexen und Zauberern überliefern uns erst die Texte aus den frühen Hochkulturen

Seit wann gibt es Hexen und Zauberer?

Mesopotamiens, Ägyptens und des Iran. Im Zweistromland, dem heutigen Irak, schufen Priester seit dem 2. Jahrtausend v. Chr. ausgeklügelte Methoden der Zukunftsvorhersage. Als Astrologen deuteten sie die Gestirne, aus Schafslebern sagten sie Erfolg und Misserfolg während der Regierungszeit eines Königs voraus. Mit Gebeten, Reinigungsritualen und Amuletten halfen sie Menschen, die sich von einem Hexer bedroht fühlten. Die älteste Gesetzessammlung der Welt, der „Codex Hammurabi" (um 1800 v. Chr.), enthielt sogar einen eigenen Pararaphen gegen Zauberei.

Ihr profundes Wissen verhalf den babylonischen und assyrischen Priestern in der gesamten antiken Welt als „Chaldäer" zu hohem Ruhm. Sogar das Neue Testament erwähnte sie in einem seiner wichtigsten Abschnitte: als Weise aus dem Morgenland. Denn die Wahrsagerei gehörte in der gesamten antiken Welt wie selbstverständlich zum täglichen Leben. Wahrsager übten einen angesehenen Beruf aus: Die Astrologen deuteten auf Anfrage die Gestirne, der Haruspex sah die Zukunft

Die drei Magier aus dem Osten beten den neugeborenen Christus an (äthiopische Ikone, 20. Jh.).

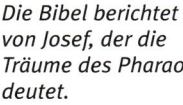

Die Bibel berichtet von Josef, der die Träume des Pharao deutet.

in den Eingeweiden von Tieren. Die Auguren im Alten Rom beobachteten den Vogelflug, man goss – wie wir heute an Silvester – Blei und glaubte an Propheten. Himmel und Erde boten ein geheimes Zeichensystem an, in dem die Kundigen lesen konnten. Wo es aber Informationen über Zukünftiges und Verborgenes vorenthielt, sprangen die Dämonen ein; als Botschafter zwischen den Göttern und Menschen standen sie nach antiker Überzeugung im Bereich unterhalb des Mondes, in der „sublunaren Zone", auf Abruf bereit, falls ein Magier nicht mehr weiterwusste.

Tonmodelle von Schafslebern halfen den Priestern bei den Leberschauen. Dieses Exemplar stammt aus dem 2. Jahrtausend v. Chr.

NEKROMANTIE

„Schwarze Magie" ist eine fehlerhafte Übersetzung des griechischen Wortes „Nekromantie", der Weissagung mittels eines herbeizitierten Totengeistes. Denn aus dem griechischen Begriff für Leichnam (nekròs) machte man das lateinische „schwarz" (niger). Daher spricht man von der Magie auch als „schwarzer Kunst".

Was ist „schwarze", was „weiße Magie"?

Eben wegen der Beteiligung von Dämonen an der Magie unterschied man seit dem Kirchenlehrer Augustinus (354-430) zwischen „schwarzer" und „weißer Magie".

„Schwarze Magie" ist ein sehr passender Begriff für das, was man Hexern und Zauberern unterstellte: Sie stifteten mit Hilfe des Teufels Schaden an Mensch und Tier, verursachten plötzliche Unwetter, Erkrankungen oder gar den Tod, vernichteten die Ernten und nahmen ihren bezauberten Opfern den Willen. Das Reich der schwarzen Magie ist der Schadenzauber.

Die „weiße" oder „natürliche" Magie hingegen nützt dem Menschen.

Der hl. Augustinus spielte eine wichtige Rolle für die Entwicklung des europäischen Zauberglaubens.

Sie beruht auf der Vorstellung, dass Gott bei der Schöpfung den Dingen der Natur unbekannte Kräfte (latein. „qualitates occultae") mitgegeben habe. Es galt, diese Kräfte der Metalle, Edelsteine, Kräuter und Wurzeln in rechter Weise anzuwenden.

Heute entdecken Arzneimittelfirmen das seit dem 18. Jahrhundert unterdrückte, verspottete und beinahe schon verlorene Wissen um heilende Bestandteile in Pflanzen und Wurzeln neu. Man muss es nur in den Werken etwa der Nonne Hildegard von Bingen (1098-1179) nachlesen. Gerade vom Geschäft mit der weißen Magie, aber auch mit Übersinnlichem und Unerklärlichem, mit Pyramiden und Pendeln, Wünschelruten und magischen Edelsteinen profitiert heute ein gesamter Wirtschaftszweig mit jährlichen Milliardenumsätzen.

Dieser moderne Spaß am Übersinnlichen im Zeitalter des Computers lässt sich mit einem gewissen Überdruss an der Vorherrschaft der Naturwissenschaften in Zusammenhang bringen. Sie nehmen für sich in Anspruch, alles exakt erklären zu können. Doch viele Menschen benötigen im Gegensatz zu den Physikern und Chemikern eine Nische für das Übernatürliche. Zauber und Aberglaube erfüllen dieses Bedürfnis. Ob wir nun an Magie glauben oder nicht – sie hat in Europa tiefe geschichtliche Spuren hinterlassen: Der Glaube an die schwarze Magie führte zu den Hexenprozessen, denen vor allem in Deutschland bis ins 18.

Pflanzen wie der Alraunwurzel schrieb man geheime Kräfte zu. Da man glaubte, sie würde beim Herausziehen einen todbringenden Schrei ausstoßen, musste dieses Werk ein Hund verrichten.

Jahrhundert hinein zahllose Menschen zum Opfer fielen. Der weißen, der „natürlichen Magie" aber, den Astrologen, Alchemisten und Heilkundigen, verdanken wir letztendlich die modernen Naturwissenschaften.

Die „weiße", die „erlaubte" oder „natürliche" Magie schuf also im Mittelalter die Grundlagen für eine Reihe von Naturwissenschaften. Denn der Magier, der Astrologe, der Wahrsager oder Heilkundige hatte die Natur genau zu beobachten. Das mittelalterliche Weltbild beruhte auf der Vorstellung, dass alles, was im Universum, dem Makrokosmos, vorhanden sei, als Zeichen auch auf der Erde und im Menschen, dem Mikrokosmos, existiere. Man nennt diese

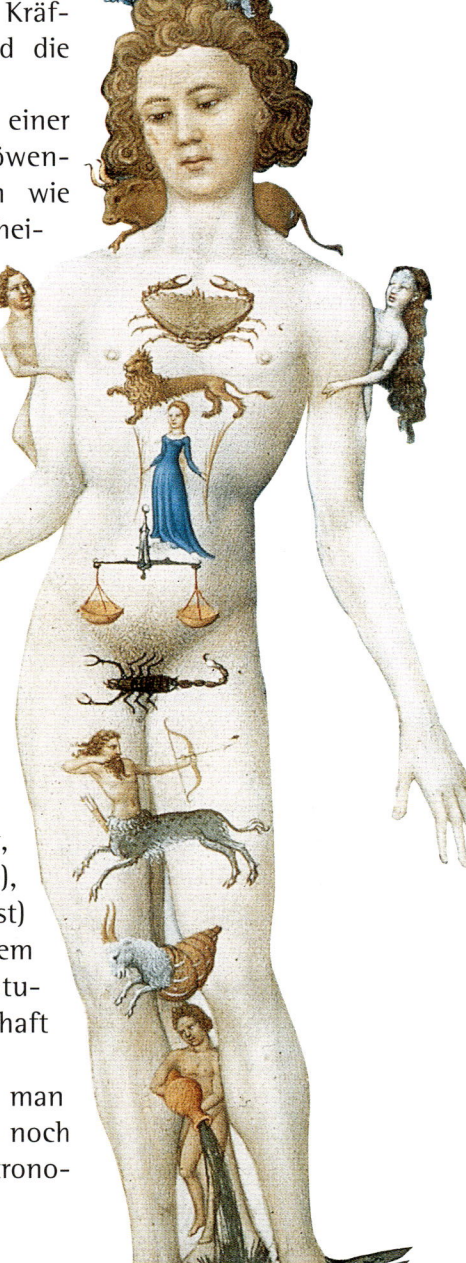

Mittelalterliche Ärzte ordneten den menschlichen Körper und seine Organe bestimmten Sternbildern zu. „Astrologischer Mensch", Illustration von 1416.

Erklärung „Zeichen-" oder „Signaturenlehre". Daraus ließen sich Verbindungen, so genannte „Ketten", zwischen dem Weltall und seinen Gestirnen einerseits, der Natur und dem Menschen andererseits herstellen.

Die Sterne, so glaubte man, beeinflussten mit ihren Kräften den Menschen und die Natur.

Da man der Wurzel einer Pflanze, etwa des Löwenzahns, oder einem Edelstein wie dem Hämatit (Blutstein) die heilende oder schädigende Wirkung nicht ansah, nannte man ihre Kräfte daher „okkult" oder „geheim".

Der „Magier" wurde zum Naturforscher und Heilkundigen, der in den Sternen und in der Natur wie in einem dicken Lehrbuch zu lesen vermochte. Daher galten die Techniken der Wahrsagerei, allen voran die Astrologie, aber auch die Beobachtung des Vogelfluges, die Traumdeutung, die „Erdkunst" (Geomantie), die Chiromantie (Handlesekunst) oder die Wahrsagung aus dem Schulterblatt eines Tieres (Spatulomantie) eher als Wissenschaft denn als zauberische Praxis.

Im Mittelalter konnte man Astrologie, die man noch nicht von der Astrono-

Welche Bedeutung hatte Magie für die Wissenschaft?

Amethyst

Bergkristall

Hämatit

DER EINFLUSS DES MARS

Der rote Planet Mars galt bereits den babylonischen Astrologen als Stern des Krieges. Heinrich Cornelius Agrippa von Nettesheim (1486-1535) zeigte in seinen „Drei Büchern über die okkulte Philosophie" von 1531 die Verbindungen auf: Dem Mars werden unter den vier Elementen das Feuer sowie alles Scharfe, unter den Körpersäften die bittere Galle zugeordnet, unter den Metallen das Eisen, das rote Erz, unter den Steinen der Diamant, der Magnet und der Amethyst. An Pflanzen unterstehen ihm unter anderem die Nieswurz, Knoblauch, Meerrettich und stachlige und Juckreiz auslösende Gewächse wie die Brennnessel. Unter den Tieren gehören ihm Pferd, Maultier, Wolf, Panther, Giftschlangen, Flöhe und Mücken an.

Die Buchmalerei aus dem 14. Jh. stellt die Verbindungen bedeutender Männer mit ihren Sternbildern dar.

mie trennte, an den Universitäten als eigenes Fach studieren. Die Erstellung von Zukunftsvorhersagen und Horoskopen zählte zum selbstverständlichen Alltagsgeschäft von Gelehrten wie Martin Pollich, dem ersten Rektor der Wittenberger Universität. Er verfasste zum Beispiel Vorhersagen für die Jahre 1486, 1487 und 1490. So bedeutende Astronomen wie Johannes Kepler (1571-1630) betätigten sich sowohl als Astronomen wie als Astrologen und Horoskopsteller.

Gelehrte und Ungebildete, Ärzte und einfache weise Frauen verstanden, Metalle, Edelsteine, Kräuter und Wurzeln und anderes mehr in rechter Weise anzuwenden, den rötlichschwarzen Hämatit zur Blutstillung oder den klaren Bergkristall zur Heilung von Augenkrankheiten.

Auch wenn die Einheit von Astrologie und Astronomie, von Alchemie und Chemie im 18. Jahrhundert zerbrach – am Anfang der Naturwissenschaften stand die weiße Magie.

ALCHEMIE

Alchemisten stellen wir uns heute als skurrile alte Männer mit langen Bärten vor, die in ihrem Laboratorium zwischen blubbernden und dampfenden Gefäßen und Destillierapparaten sitzen, in gelehrten Büchern lesen und denen gelegentlich ihr Labor um die Ohren fliegt. Doch das Wort „Alchemie" kommt vom arabischen „al-ki-miya" und bedeutet nichts anderes als „Chemie" – die wissenschaftliche Beschäftigung mit chemischen Stoffen. Erst durch den Arzt Philippus Bombast von Hohenheim, genannt Paracelsus (1493-1541) erfuhr die Alchemie, die durch die

Der Alchemist Henning Brand entdeckt 1669 den Phosphor.

Araber in Europa bekannt gemacht worden war, eine Wandlung. Man bemühte sich nun, aus unedlen Stoffen oder Me-

tallen Gold zu machen, den „Stein der Weisen", das Universallösungsmittel „Alkahest" und lebensverlängernde Elixiere zu entdecken. Inbegriff der Alchemie wurde fortan die Suche nach der Verwandlung eines Stoffes in einen anderen. Allerdings hörte die Alchemie trotz dieser Ausflüge in die Naturmystik nie auf, wissenschaftliche Chemie zu bleiben. Ihr gelang zum Beispiel die Erfindung des Porzellans in Europa durch Johann Friedrich Bött(i)ger (1682-1719), ihr verdanken wir auch den Alkohol und die Entdeckung des Phosphors.

Von Dämonen, Hilfsgeistern & anderen Unholden

Wie wird man Hexe oder Zauberer?

Wer wünscht sich nicht, eine Pizza auf den Tisch zu hexen, sich in ein Tier zu verwandeln oder wie Harry Potter auf dem Zauberbesen durch die Luft zu fliegen! Warum aber können wir nicht zaubern? Beruht Magie auf übersinnlichen Kräften, über die nur wenige verfügen, oder hat ein Zauberlehrling eine mehrjährige Ausbildung in einer exklusiven Schule zu absolvieren? Genügen als Grundausstattung ein spitzer Hut, ein Zauberstab und ein halbwegs brauchbares Zauberbuch?

Für Magie existieren in der Welt zahlreiche Begründungen und Systeme. Sie hängen von der jeweiligen Weltanschauung und der betreffenden Zeit ab. Die im europäischen Kulturkreis verbindliche Erklärung für die Wirksamkeit des Zauberns besitzt ihre eigene Geschichte und kommt ohne jegliche Parapsychologie aus: Der Mensch selbst ist demnach unfähig zu zaubern; hierfür benötigt er einen Helfer aus dem Jenseits, einen Hilfsgeist, der seine magischen Absichten in die Tat umsetzt.

Was ist ein Hilfsgeist?

Hilfsgeister sind Dämonen oder Teufel. Ursprünglich bezeichnete das griechische Wort „daímôn" ein Wesen, das zwischen Mensch und Gott stand und weder ausschließlich böse noch ausschließlich gut war. In der Vorstellungswelt der Griechen vermittelten die Dämonen zwischen den

PARAPSYCHOLOGIE

Wissenschaftler, die sich mit ungeklärten, übersinnlichen Phänomenen beschäftigen, die Parapsychologen, gehen heute davon aus, dass manche Menschen über außerordentliche geistige Kräfte verfügen: Sie könnten unter anderem verborgene Dinge sehen (Hellsichtigkeit), Gegenstände zum Schweben bringen (Telekinese) oder sogar Gedanken übertragen (Telepathie). Diesen physikalisch nicht messbaren Kräften gaben sie den Namen „Psi".

Maler wie der Italiener Giotto stellten Dämonen als Furcht erregende Wesen mit Fratzen, dunkler Haut, Fledermausflügeln und Tierklauen dar.

KOPFLOSE UREINWOHNER

Teufel und Dämonen werden in der mittelalterlichen Kunst auf vielfältige Weise dargestellt. Häufig tragen sie ein Gesicht auf der Brust, dem Bauch oder gar auf dem Hinterteil. 1595 führte der englische Seefahrer Sir Walter Raleigh (um 1552-1618) eine Entdeckungs- und Beutefahrt nach Guyana durch, wo er das sagenhafte Goldland Eldorado vermutete. Über die Ureinwohner des Landes berichtete er allen Ernstes, dass ihnen Kopf und Hals fehl-

ten. Augen, Nasen und Münder befänden sich auf der Brust – exakt so, wie sich die Europäer seit Jahrhunderten den Teufel vorgestellt und ihn an die Wände der Kirchen gemalt hatten. Der Bericht macht deutlich, dass die Menschen Europas allem, was sie nicht mit eigenen Augen sehen konnten, mit ängstlichem Misstrauen begegneten.

Rechts: Statue des neuassyrischen Dämonen Pazuzu aus dem 1. Jahrtausend v. Chr.

Um alle Dämonen und Teufel zu zählen, benötigt man einen guten Mathematiker oder einen Taschenrechner. Denn die Zahlen schwanken zwischen Millionen und Billionen. Ebenso viele Namen tragen sie: Da ist von Luzifer, Satan, Beelzebub, wörtlich „Herr der Fliegen", und Belial, von Belphegor und Baphomet die Rede, oder einfach nur von Teufeln und Dämonen. Die Gelehrten zerbrachen sich über Jahrhunderte hinweg ihre klugen Köpfe über die Größe des „Teufelsheers" und die Rangordnung in der Hölle. Für die Schwindel erregend hohe Zahl der Teufel und Dämonen aber gibt es eine recht einfach nachzuvollziehende Rechnung. Die höllischen Wesen verführen die Menschen zur Sünde, und je mehr Sünder es gibt, um so mehr Teufel werden benötigt – ihre Zahl richtet sich also nach der geschätzten Zahl der Bevölkerung.

Teufelchen traktieren den Kopf eines Mannes in einer Karikatur auf das Kopfweh von 1819.

Göttern und den Menschen. Sie brachten Gebete und Opfer der Menschen ins Jenseits und trugen Botschaften aus dem Jenseits zurück.

Das Christentum, das sich in der Spätantike als neue Religion herauszubilden begann, kennt jedoch nur einen einzigen Gott. Wie brachte man aber die Menschen, die zuvor zahlreiche Götter, Heroen und Dämonen angerufen hatten, dazu an nur einen Gott zu glauben? Der Kirchenlehrer und Bischof Augustinus löste dieses Problem, indem er die heidnischen Götter und Dämonen zu bösen Wesen machte, die ein guter Christenmensch zu meiden habe. Obwohl sich Augustinus nur begrenzt für die Zauberei interessierte, schuf er ein für die nachfolgenden Jahrhunderte gültiges Konzept der Magie: Soll ein Zauber seine Wirkung zeigen, so die Folgerung des Augustinus, muss

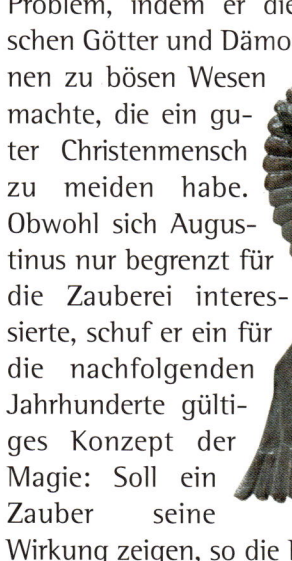

sich der Magier der Hilfe eines Dämons bedienen. Der Zauberer gibt mithin lediglich die Anweisung, den Rest erledigt sein dämonischer Helfer.

Zuvor aber muss der Kontakt mit dem Hilfsgeist zustande kommen. Hierfür ist, so Augustinus, die Verständigung des Magiers mit dem Dämonen über eine gemeinsame geheime Sprache und bestimmte Zauberzeichen erforderlich. Augustinus schuf damit die Trennung zwischen einer „verbotenen" oder „dämonischen" Magie und der „erlaubten" oder „natürlichen" Zauberei, die ohne dämonische Helfer auskommt.

Neu im Vergleich zur spätantiken Magie war die hervorgehobene Rolle des Teufels. Da dem Zauberer nur die Wahl für seinen teuflischen Helfer blieb, verstieß er gegen das erste und wichtigste der Zehn Gebote: „Du sollst keine anderen Götter neben mir haben". Magie zu betreiben geriet damit zur Todsünde.

Wie nimmt der Teufel Gestalt an?

Um einen Zauber durchzuführen, müssen Hexe und Zauberer einen Dämonen herbeizitieren. Dämonen sind jedoch wie Gespenster körperlose Wesen. Um als wunderschöne verführerische Frauen und Männer, als so genannte „Buhlteufel", oder als scheußliche, Furcht erregende Monster zu erscheinen, müssen sie einen Körper bilden, sich „materialisieren". Dieses Problem hatten bereits die Philosophen der Spätantike gelöst: Wegen ihrer Boshaftigkeit, so erklärten sie, schaffen sich Dämonen ein sichtbares Äußeres aus den Faulgasen, die in den Mooren entstehen. Daher stinkt der Teufel nach Schwefel. Vor diesem Hintergrund versteht man besser, warum die Menschen früher die Moore als unheimliche Orte fürchteten. Denn die flackernden „Irrlichter" bestätigten sie im Glauben, dass sich dort bösartige Wesen aus dem Jenseits herumtrieben. Dass es sich bei den übernatürlich erscheinenden Lichtphänomenen um entzündete Faulgase handelte, konnten sie nicht wissen.

Neben dem Geruch besaß der materialisierte Teufel ein weiteres Kennzeichen: Sein linker Fuß endete in einer Tierklaue. Dass er ausgerechnet links und nicht rechts sitzt, kommt nicht von ungefähr. Denn in unserer Kultur gilt rechts als gut, links als schlecht oder gar böse.

Satan verschlingt die Verdammten. So stellte Jacopo da Bologna um 1350 den Höllenschlund dar.

Der Teufel auf einem Gemälde von Michael Pacher aus dem 15. Jh. trägt ein zweites Gesicht auf dem Hinterteil. Vielleicht mussten die Hexen ihn deswegen am Hexensabbat genau an dieser Stelle küssen.

DER SCHRECKEN DER LATERNA MAGICA

Der Jesuit Athanasius Kircher (1602-1680) war ein bedeutender, frommer Gelehrter und zudem ein begnadeter Tricktechniker, der komplizierte mechanische Bühneneffekte erfand und auf der Bühne ein Feuerwerk abbrannte. Damit schockierte er sein Publikum derart, dass man ihn der schwarzen Magie und der Teufelsbündnerei verdächtigte. Nur der Teufel selbst könne solche Tricks bewerkstelligen. Erst als er sie ausführlich erläuterte, beruhigten sich die Zuschauer wieder. Kircher machte auch die Laterna magica, den ältesten Diaprojektor der Welt, populär: Eine Kerze oder ein Öllämpchen lieferte das erforderliche Licht, um farbige Bilder auf Glasplatten an eine Wand zu projizieren. Schob man mehrere Gläser übereinander, konnte man wie im modernen Film bewegte Bilder erzeugen. Kircher empfahl, die Laterna magica im Unterricht einzusetzen. Projektionen von Dämonen und Erscheinungen der Armen Seelen sollten die Betrachter derart erschrecken, dass sie sich wieder auf ein frommes Leben besännen. Mit Erfolg: Die plötzlich an der Wand erscheinenden Teufel und Gespenster führten sogar zu Ohnmachtsanfällen. Weil man glaubte, dass hier Hexerei im Spiel sei, erhielt der neue Zauberkasten den Namen „Laterna magica".

DER TEUFEL IM SALAT

Man glaubte, dass der Teufel auch in Menschen fahren könne: Der Besessene dient dem Dämon als Sprachrohr und verhält sich merkwürdig. Zu seiner Austreibung, dem Exorzismus, benötigt man einen Priester. Der Zisterziensermönch Caesarius von Heisterbach (um 1180-1249) erzählt eine fast rührende Geschichte: In einem Kloster wurde eine Nonne ohne ersichtlichen Grund besessen. Als der hl. Equitius bei ihr einen Exorzismus durchführte, schimpfte der beleidigte Dämon beim Ausfahren, dass er friedlich und ohne böse Absicht im Klostergarten im Salat gesessen sei. Die Nonne aber habe, ohne sich vorher zu bekreuzigen, in den Salatkopf gebissen und ihn gleich mitverschluckt.

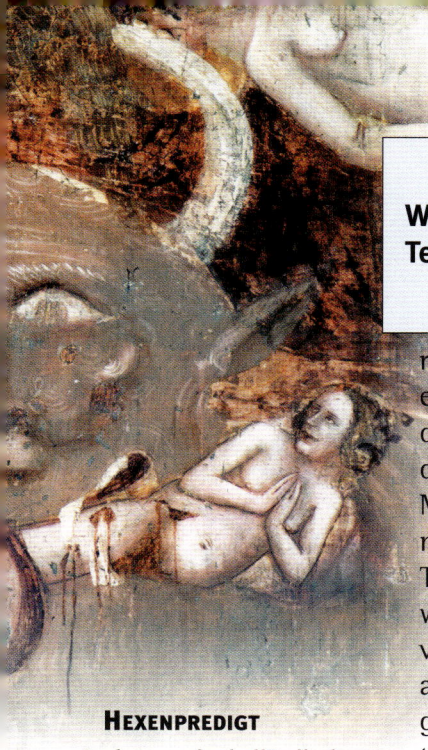

Was ist ein Teufelspakt?

Als Grundvoraussetzung für alle Hexerei aber gelten seit dem Mittelalter der Teufelspakt und die mit ihm verbundene Abschwörung Gottes. Die Zauberer schließen eine rechtsgültige Vereinbarung mit dem Teufel und versichern sich dadurch seiner Hilfe. Diese Idee war im Mittelalter neu. Denn bislang hatte man sich die Zusammenarbeit mit Teufeln und Dämonen zwar als verwerflich, dennoch als eher zwanglos vorgestellt. Dies änderte sich schlagartig mit dem bedeutenden Theologen und Dominikanermönch Albertus Magnus (um 1200-1280), den man später selbst als großen Hexer und Verfasser von Zauberbüchern betrachtete. Er behauptete nämlich, dass erst die „privaten Verträge" mit einem Dämon die „zauberischen

reichen Schrift „Summa theologiae" zwischen „ausdrücklichen" und „stillschweigenden" Verträgen mit dem Teufel. Sogar das Bleigießen, das man zuvor als recht harmlose Praktik der Weissagung betrachtet hatte, verdammte er als Teufelswerk.

Damit erreichte die allgemeine Teufelsfurcht ihren ersten Höhepunkt. Ja, von nun an sah man sogar im Teufelspakt einen gültigen Vertrag zwischen zwei Parteien, wie man ihn auch heute bei Geschäften oder dem Erwerb eines Hauses abschließt. Für das Delikt der Zauberei waren bislang meist die kirchlichen Gerichte zuständig

Aus der 1. Hälfte des 17. Jahrhunderts ist ein kurioser Gegenstand erhalten: ein winziger im Glas eingeschlossener Teufel.

gewesen. Deren Richter hatten nicht über ein weltliches Geschäft, sondern darüber zu befinden, ob der Hexer Gott abgeschworen und sich versündigt hatte. Indem nun Thomas von Aquin die Teufelsbündnerschaft auf eine allgemeine rechtliche Grundlage stellte, mussten sich in Zukunft auch die weltlichen Gerichte um das Verbrechen der Zauberei kümmern.

Die Sachlage war einfach: Ohne den ausführenden Dämonen gab es keinen Zauber, ohne Pakt keine helfenden Dämonen. Noch zu Lebzeiten des Thomas von Aquin begannen die Rechtsverordnungen, so der 1275/76 entstandene „Schwabenspiegel", alle Zauberei

Als erster Teufelsbündner gilt der Legende nach Theophilus. Eine Illustration des 14. Jahrhunderts zeigt, wie er mit dem Teufel einen Pakt schließt.

Wunder" ermöglichten.

Albertus Magnus war Lehrer des berühmtesten Theologen des Mittelalters, Thomas von Aquin (1226/7-1280). Dieser entwickelte die Behauptung des Albertus Magnus fort und unterschied in seiner umfang-

auf der Vereinbarung mit dem Teufel beruhen zu lassen. Die Voraussetzung für eines der folgenschwersten Kapitel der europäischen Geschichte war geschaffen: die Hexenverfolgung.

Ein Teufel buhlt um eine Frau. Der Holzschnitt stammt aus Ulrich Molitors erstmals 1490/91 erschienenen „Tractatus von bösen Weibern, die man nennet Hexen".

Was ist der Blocksberg?

Mindestens einmal im Jahr werden die Hexen und Hexer zur Teufelsverehrung auf dem „Hexentanzplatz" einberufen. Dem Volksglauben zufolge geschieht dies in der Walpurgisnacht am 1. Mai. Johannes Praetorius (1630-1680) lokalisierte den „Hexentanzplatz" in seiner Schrift „Blockes-Berges Verrichtung" von 1669 mit dem Blocksberg, für den Termin gab er die Begründung an, die Frauen seien im Mai besonders liebeslustig.

In der Vorstellung der Menschen sausten Hexen und Zauberer auf Besenstielen zu ihrer Zusammenkunft auf dem Blocksberg. Voraussetzung für diesen Hexenflug war aber nicht nur der wohlbekannte Besen, um – auf spektakuläre Weise durch den Kamin – auszufahren, sondern das Einreiben mit der Hexensalbe. Erst hierdurch erhielt die Hexe ihre „Flugfähigkeit". Daneben unterstellte man Hexen und Zauberern auch die Fähigkeit, sich in jedes beliebige Tier verwandeln zu können, um unbemerkt aus dem Haus zu gelangen.

Wie beten die Hexen den Teufel an?

Wohl nirgendwo ließen die Menschen ihrer Fantasie derart freien Lauf wie bei den Vorstellungen vom Hexensabbat auf dem Blocksberg. Wie es dort zuging, beschreibt zum Beispiel Francisco de Ossuna in seinem „Flagellum Diaboli" (Die Geißel des Teufels) von 1602: Um den Teufel auf dem „Tanzplatz" zu verehren, treiben es Hexen, Zauberer und Dämonen miteinander, fressen, saufen und lassen es sich gut gehen. Die Genfer Hexenprozesse von 1570 veranlassten Johann Jakob Wick zu einer

BROCKEN

Man hat den Blocksberg immer wieder mit dem Brocken, der höchsten Erhebung im Harz, zu identifizieren versucht. Allerdings zeigen die Gerichtsakten der Hexenprozesse, dass es zahllose solcher „Blocksberge" gegeben haben muss. Sie befanden sich in der Regel in direkter Nähe der Wohn- und Gerichtsorte der Angeklagten. Die „Ehrenbürg" z. B., ein auffälliger Tafelberg bei Ebermannstadt in Oberfranken mit seiner der hl. Walpurgis geweihten Kapelle, ist als Ort des Hexensabbats überliefert. Jeder Ort, jede Region Europas, in der Hexenprozesse geführt wurden, besaß seine eigenen „Blocksberge" – geheimnisvolle, auffällige und verwunschene Orte.

Ein neugieriger Beobachter sieht den Hexen zu, wie sie sich für den Ausflug vorbereiten, mit Salbe einreiben und dann zum Kamin hinausfahren.

Zeichnung in seiner Chronik: In der Mitte der Hexenversammlung sitzt der oberste Teufel auf einem prunkvollen Thron. Zauberer und Hexen knien vor ihm, einige trinken. Wer sich nicht gerade mit seinem privaten Teufel zu schaffen macht, hext: Eine Frau führt den Wetterzauber durch. Unverzichtbar und höchster Ausdruck der Verehrung aber war der Teufelskuss. Die Hexen hatten ihren Herrn und Meister auf das nackte Hinterteil zu küssen.

Diese Rituale und insbesondere der Teufelskuss verkehren die kirchliche und weltliche Ordnung in ihr Gegenteil. Auf dem Blocksberg schien den Hexen und Zauberern all das erlaubt, was in der Gesellschaft ansonsten verboten war.

Hexen fahren in Tiergestalt zum Sabbat aus. Holzschnitt im Hexenbuch des Ulrich Molitor.

Hexen verehren den Teufel, der in Bocksgestalt auf einem Thron sitzt. So stellte sich der Zürcher Chorherr Johann Jakob Wick (1522-1588) den Hexensabbat vor.

SCHWARZE MESSE

Von der Vorstellung der gemeinsamen Teufelsverehrung zur Schwarzen Messe ist es nur ein kleiner Schritt. Wie die Gläubigen im Gottesdienst in der Kirche Gott verehren, so huldigen Hexen und Zauberer mit der Schwarzen Messe dem Teufel. Daher muss alles umgekehrt sein: Das Altarkreuz steht auf dem Kopf, im Altarkelch befindet sich nicht Wein, sondern Urin und die Gebete werden rückwärts gesprochen; der satanische Priester lobt Satan und verspottet Gott. Konkrete Gestalt nahm das Zelebrieren von Schwarzen Messen erst im frühen 17. Jahrhundert im Zuge der Würzburger Hexereiprozesse gegen Geistliche an.

WAS IST DIE HEXENSALBE?

Kaum ein anderer Bereich des Zauberwissens hat die Fantasie derart beschäftigt wie die Hexensalbe. Zur Herstellung dieser Salbe – so lautete zumindest die Anschuldigung vor Gericht – benötigte eine Hexe zunächst das Fett von tot geborenen Kindern oder von im Friedhof ausgegrabenen Kinderleichen. Dazu kochte sie die Leichen im Hexenkessel ab. Dem Fett mischte sie weitere Zaubermittel und -pflanzen bei. Augenzeugen von vermeintlichen Ausfahrten berichteten, dass die Hexe nicht wirklich verschwunden, sondern in einen schlafähnlichen Zustand gefallen sei. Die Erlebnisse des Hexensabbats habe sie nur geträumt. Daher müsse, so mutmaßten spätere

Eine ältere Hexe reibt die jüngere mit der Hexensalbe ein.

Hexenforscher, die Hexensalbe berauschende, bewusstseinsverändernde Bestandteile enthalten haben: Ihre Wirkung verdanke die Salbe hochgiftigen Stoffen wie Bilsenkraut, Stechapfel, Weidenrinde, Fingerhut (Digitalis), Atropin oder Tollkirsche (Hyoszyamin), die in der mittelalterlichen Medizin u. a. bei der Schmerzbetäubung Anwendung fanden. Um die Hexensalbe herzustellen, hätte die Hexe wohl eine Ausbildung als Apothekerin absolvieren und eine sehr genaue Feinwaage besitzen müssen. Denn die Dosierung der tödlich giftigen Pflanzen konnte über Nutzen und Schaden, Leben und Tod entscheiden.

Aus der Zauberpraxis

Natürlich genügten weder Teufelspakt noch die Abschwörung Gottes zum Zaubern.

Worin besteht die Zauberkunst?

Ein wenig Eigenleistung mussten auch Hexen und Zauberer erbringen. Zaubern ist eine schwierige Kunst: Hexen und Zauberer mussten sich ein teilweise sehr kompliziertes Wissen aneignen. Sie hatten geheime Schriftzeichen und Symbole zu studieren, die Gestirne zu beobachten, zahlreiche Formeln zu beherrschen, um zum Beispiel einen Hilfsgeist heraufzubeschwören, sowie die verborgene Kraft ihrer diversen Hilfsmittel zu kennen.

Seitdem die Menschen schreiben können, also seit der Hochkultur des Zweistromlandes, berichten Texte von Zauberpraktiken und von der Angst, verhext zu werden. Doch es fällt auf, dass die Angaben zu den Ritualen der verbotenen schwarzen Magie stets sehr allgemein und ungenau ausfallen. Statt dessen besitzen wir seit der Antike sehr detaillierte Anleitungen und Rezepte zur erlaubten weißen Magie, die den Menschen schützen

MAGISCHE BETRÜGEREIEN

Die Anfertigung eines magischen Kreises, das Verbrennen von Räucherwerk und leise gemurmelte Zaubersprüche: Dies alles ergab ein eindrucksvolles Spektakel, mit dem sich leichtgläubige Menschen rasch beeindrucken ließen. Im 17. und 18. Jahrhundert nutzten dies Vagabunden und vor allem Studenten aus, die über ein wenig Zauberwissen verfügten, sich jedoch stets in Geldnot befanden. Sie inszenierten gegen Vorkasse solche Rituale, meist zur Auffindung eines vergrabenen Schatzes.

Ein Nekromant versucht, auf dem Friedhof einen Totengeist zu beschwören. Den magischen Kreis darf er dabei nicht verlassen.

Der englische Gelehrte John Dee und Edward Kelly beschwören einen Totengeist.

und ihm helfen will.

Dies überrascht schon deswegen nicht, da die verbotene schwarze Magie stets unter Strafe stand, und wer wollte sich dem Verdacht aussetzen, mittels Zauberei seinen Mitmenschen Schaden zuzufügen!

Was ist eine Geisterbeschwörung?

Als Inbegriff und Voraussetzung aller Zauberkunst galt die Beschwörung eines Hilfsgeistes. Hierzu begaben sich die Hexen und Zauberer an einen verrufenen, abseits gelegenen Ort. Beliebt waren Ruinen, Hinrichtungsstätten und Kreuzwege, die von alters her als besonders für Zauberei geeignet galten. Dort zog der Hexer einen Kreis um sich, an dessen Rand er geheimnisvolle Zeichen, die „Characteres", Planetensymbole und die geheimen Namen von Engeln und Dämonen schrieb. Gerichtsprotokolle von Hexenprozessen erwähnen auch, dass gelegentlich eine Kuhhaut als magischer Kreis genügte. Der Zauberer musste zu seinem eigenen Schutz innerhalb des Kreises bleiben, denn sonst hätte ihn der herbeizitierte Dämon geholt. Nun begann der Hexer bestimmte Beschwörungen zu murmeln. Sie be-

MISSLUNGENE GEISTERBESCHWÖRUNG

Am Heiligen Abend des Jahres 1715 hatten der Student Johann Gotthard Weber, der Schäfer Hans Friedrich Geßner und ein Bauer namens Hans Zenner in einem Weinberghäuschen bei Jena versucht, einen Geist herbeizuzitieren. Er sollte ihnen einen verborgenen Schatz zeigen. Am nächsten Tag wurden die Geisterbeschwörer Geßner und Zenner tot aufgefunden, nur Weber hatte überlebt. Die Untersuchungsbeamten fanden diverse Zauberutensilien, darunter zwei Zauberschriften, eine getrocknete Nabelschnur, ein Stück Wieselfell und ein Messingamulett mit magischen Zeichen. Auch an

eines der wichtigsten magischen Mittel hatten die Hobby-Zauberer gedacht: ein Stück Stoff mit Menstruationsblut. Den Schatz hatten sie jedoch nicht gefunden, und gegen den Qualm aus dem im Zimmer aufgestellten Kohleofen halfen alle Zauberdinge nicht. Geßner und Zenner waren am Qualm erstickt. Die Behörden verweigerten den Toten ein christliches Begräbnis. Ihre Leichen wurden zum Galgen gebracht und dort „tief eingescharret". Als „Jenaische Christnachts-Tragödie" sorgte der Sensationsfall europaweit für Aufsehen.

gannen oft mit den Gottesnamen „Tetragrammaton, Adonai Agla, Jehova". Eine als besonders wirksam geltende Formel war die „Generals-Citation Mosis auf alle Geister", die folgendermaßen lautete: „Ahzeraaye comitejon Sede leji thomas Sasmagata by ul ycos Joua Eley Zawaym". Das ergibt zwar nicht den geringsten

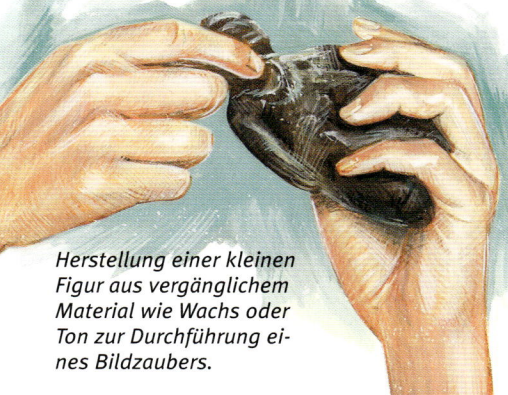

Herstellung einer kleinen Figur aus vergänglichem Material wie Wachs oder Ton zur Durchführung eines Bildzaubers.

Sinn; aber die Wörter klingen geheimnisvoll, und der Hilfsgeist wird sie schon verstanden haben. Solche Beschwörungsformeln sind uns allerdings weitgehend erst aus dem 18. Jahrhundert überliefert, als die Hexenverfolgungen ein Ende fanden und man nach und nach den Glauben an Hexen und Magier verlor.

War der Geist erschienen, teilte ihm der Hexer seine Absichten mit. Magische Kreise zur Herbeizitierung eines Dämons begegnen uns vor allem in Verbindung mit der Nekromantie, der Beschwörung eines Totengeistes zu wahrsagerischen Zwecken. Bei der Nekromantie, die als gefährlichste Praktik im Bereich der schwarzen Magie galt und auch viele Gelehrte faszinierte, sollten die Geister alle Fragen beantworten, die der Magier ihnen stellte. Beliebt war der Einsatz magischer Kreise auch beim „Ssefelgraben" – hier beschwor man einen Geist, um etwas über einen verborgenen Schatz in Erfahrung zu bringen.

Was ist ein Bildzauber?

Der Bildzauber dient der Verständigung zwischen dem Hexer und seinem Hilfsgeist. Der Hexer fertigt ein Bild aus vergänglichem Material wie Ton, Wachs, Teig oder Papier an. Dann schreibt er eventuell den Namen der zu verhexenden Person auf das Bild, murmelt Beschwörungsformeln und sticht mit einer Nadel oder einem Messer in die Figur. Er kann sie aber auch durch Wasser oder Feuer zerstören. Damit zeigt er seinem teuflischen Helfer, wer wie zu beeinflussen sei. Der Bildzauber ist wie jede andere Zauberpraktik eine symbolische Handlung. Die Beschädigung der Figur allein bewirkt daher absolut nichts. Der Zauber mit Bildern war vielseitig einsetzbar: Man glaubte, dass man mittels Bildzauber Krankheiten anhexen und sogar töten, die Liebe

ATZMÄNNLEIN

In Köln gelang Archäologen bei Ausgrabungen ein sensationeller Fund: eine kleine mittelalterliche Wachsfigur, in deren linker Hüfte ein Nagel steckte. In Deutschland nannte man solche Zauberfigürchen auch „Atzmännlein". Bei dieser könnte es sich um ein Atzmännlein handeln, aber auch um die Spottfigur auf einen Juden.

ZAUBERUTENSILIEN

Früher glaubte man, dass in Haaren, abgeschnittenen Finger- und Fußnägeln, der Nabelschnur und sogar Körperausscheidungen wie Speichel, Menstruationsblut, Urin oder Kot ein Teil des betreffenden Menschen gespeichert sei. Gelangte nun der Zauberer in den Besitz solcher Dinge, war er in der Lage, Macht über die betreffende Person auszuüben. Was man auch immer von Magie halten mag – sie beruht auf einem in sich durchaus logischen System. Es muss nämlich gewährleistet sein, dass der Zauber sein Opfer tatsächlich erreicht. Beim Bildzauber schreiben Hexe und Zauberer den Namen des Opfers auf das Bild. Es genügen auch Dinge, die mit seinem Körper in Berührung gekommen waren wie Textilfetzen von der Kleidung oder Erde, die man aus der Mitte eines Fußabdruckes dieser Person nahm. Die australischen Ureinwohner streuten spitze Steine oder Glassplitter in die Fußspur, die ein Feind hinterlassen hatte.

Auf eine ähnlich lange Geschichte wie der Bildzauber kann die Vorstellung vom „Nestelknüpfen" zurückblicken. In Babylonien bedeutete das Wort für „zaubern" (kašāpu) ursprünglich „binden", und im Alten Testament wird die Zauberin als diejenige bezeichnet, „welche die Fäden verknüpft" (m'kashshefa). Man glaubte, dass die Hexer Schnüre verknoteten, um den Körper ihres Opfers einzuschnüren und damit bestimmte körperliche Funktionen buchstäblich zu „unterbinden". Vor allem die Körperöffnungen sollten geschlossen und die Zeugung und Geburt von Kindern verhindert werden. Das Nestelknüpfen betrifft also den weiten Bereich des Fruchtbarkeitszaubers. Als beliebter Anlaß für den Hexer, in Erscheinung zu treten, galt die Heirat eines Paares.

von Frauen gewinnen oder Diebe dazu zwingen könne, ihr Diebesgut zurückzubringen.

Kaum eine andere Zauberpraktik blickt auf eine derart lange Geschichte zurück, kaum eine andere ist so weit verbreitet wie der Zauber mit Bildern. Wir begegnen ihm in der antiken Hochkultur Mesopotamiens ebenso wie in den Voodoo-Kulten auf Haiti.

Was ist ein Liebeszauber?

Wollen Hexen oder Zauberer andere Menschen zur Liebe zwingen, müssen sie einen Liebeszauber durchführen. Vorausgesetzt, sie sind guter Laune, lösen sie sogar Liebesprobleme. Doch glaubte man auch, sie könnten verhindern, dass Menschen sich lieben, indem sie Unfruchtbarkeit und Impotenz anhexten oder Zwietracht zwischen den Partnern säten.

Eine besondere Rolle bei der Durchführung eines Liebeszaubers spielte der Zauber mit Bildern. Im Paris des 14. Jahrhunderts versuchte das Mädchen Macette, ihren davongelaufenen Geliebten zurückzugewinnen. Sie besorgte sich Wachs und Pech, formte unter Anrufung Luzifers die Figur eines Kindes, ließ sie auf Stroh in einem Kessel kochenden Wassers herumtreiben und stach zudem mit Nadeln in eine Kröte. Zunächst schien es, als habe der Zauber Erfolg: Macettes Angebeteter kehrte zurück, später jedoch zeigte er sie bei den Behörden an. Im Jahr 1390/91 wurde Macette der Prozess wegen Zauberei gemacht.

Auf kochendem Wasser treibt die Wachsfigur eines Kindes. Mit diesem Zauber versucht Macette, ihren Geliebten zurückzuzwingen.

Ein anderer Bericht erzählt von Guichard, Bischof im französischen Troyes, der 1309 verhaftet wurde. Man verdächtigte ihn, mittels eines Wachsbildes die Liebe der Königin Johanna von Navarra erzwungen zu haben. Als diese sich verweigerte, soll er aus Zorn die Figur ins Feuer geworfen und dadurch ihren Tod verursacht haben. Nach einem Gespräch unter vier Augen mit Papst Clemens V. wurde Guichard jedoch freigesprochen.

Der Liebes- und Fruchtbarkeitszauber blickt wie der Bildzauber auf eine lange Geschichte zurück. Bereits die Sumerer im Zweistromland hinterließen uns Beschwörungen, die sie „šà-zi-ga" nannten, das bedeutet wörtlich „erhobenes Herz". Auch im antiken Griechenland und Rom war der Liebeszauber weit verbreitet.

Zum Liebeszauber gehörten auch die Liebestränke. Vielen Hexen und Zauberern schrieb man die Fähigkeit zu, solche „Philtren" zubereiten zu können, um mit ihnen die Gefühle anderer Menschen zu beeinflussen.

Bereits viele Jahrhunderte vor den Hexenverfolgungen wurden Zauberer immer wieder beschuldigt, einen Wetterzauber vollführt zu haben. Man sagte ihnen nach, Macht über die Elemente zu besitzen, um Ernten zu vernichten, Schiffe untergehen zu lassen oder sonst ihren Feinden zu

Was ist „Wettermachen"?

HOKUSPOKUS

„Hokuspokus" oder „Hokuspokus fidibus" gilt als der Zauberspruch schlechthin. Mit den lateinischen Worten „hoc est enim corpus meum" („Dies ist mein Leib") verwandelte der Priester beim Gottesdienst Brot in den Leib Christi. Für Menschen, die kein Latein beherrschten, musste sich diese Formel wie ein Zauberspruch anhören. Da sie ihn aber nicht richtig verstanden, machten sie „Hokuspokus" daraus.

LIEBESTRÄNKE

Welche Zutaten man für die Herstellung von Liebestränken verwendete, ist bis heute weitgehend unbekannt. Den während der Prozesse gemachten Angaben über die Bestandteile der Liebestränke ist wenig Glauben zu schenken, denn sie entstanden meist unter Folter. 1323 verbrannte man zum Beispiel in Irland Petronilla de Meath auf dem Scheiterhaufen. Sie hatte gestanden, Liebestränke aus Otternfleisch, Spinnen, Fingerkraut und dem Gehirn ungetaufter Säuglinge gebraut zu haben. Eine „seriöse" Anleitung zum Herstellen eines Liebestrankes gab der Astrologe Helvig Dieterich, der um 1627 in Straßburg lebte. Er empfahl das Aussäen und Ernten der Pflanzen unter den jeweils günstigsten Ge-

Kräuter waren wichtigster Bestandteil mittelalterlicher Heilkunst und wurden in Kloster- und Kräutergärten gezüchtet.

stirnkonstellationen. So musste der Schwarze Nieswurz von einer barfüßigen, weiß gekleideten Hexe mit der rechten Hand gepflückt und dann in die linke Hand genommen, niemals aber abgeschnitten werden. Verbenen waren beim aufgehenden Sirius zu pflücken, wenn weder Sonne noch Mond am Himmel standen, und Mistelzweige durften nur sechs Tage nach Neumond geschnitten werden – Anweisungen, auf die wir in ähnlicher Form auch bei der Herstellung von Amuletten stoßen.

schaden. Auch bei den späteren Hexenprozessen war daher das Wettermachen ein gängiger Vorwurf an die vermeintlichen Hexen: Diese kochten, so die Vorstellung, aus Schlangen, dem Basilisken, einem Fabeltier in Form eines Hahnes mit einem Krönchen auf dem Kopf, und anderen mehr oder weniger appetitlichen Zutaten ein Gebräu. Damit riefen sie plötzlich einsetzende Unwetter, Hagelschauer und anderes mehr hervor.

Nicht immer wurde der Wetterzauber ausgeführt, um Schaden anzurichten. Als besonders professionelle Wetterzauberer galten die Lappen (Samen) im äußersten Norden Europas, über die man bis ins 17. Jahrhundert hinein nicht sehr viel wusste. Ihnen sagte man nach, dass sie den Seeleuten günstigen Fahrtwind in Form von so genannten Knotenschnüren verkauften.

Hin und wieder brachten es auch die Hexen in südlicheren Gefilden zu wahren Meisterleistungen. Der als Hexe verdächtigten Anna Neumann aus Wasserleonburg warfen die Richter ein ganz besonderes Kunststück vor: Ihr sei es gelungen, in der einen Ecke des Zimmers die Sonne scheinen zu lassen, während in der anderen Regen und Hagel fiel.

WETTERGLOCKEN

Zum Schutz vor Unwettern und Hexen läutete man die Kirchenglocken. Lärm einer geweihten Glocke, so glaubte man, vertreibe die Dämonen. In manchen katholischen Gebieten ertönen bei heftigen Gewittern noch heute die Kirchenglocken, ohne dass man deswegen an Hexerei denkt. Der Mensch sucht gerne Schutz bei einer höheren Macht, wenn er sich der Natur hilflos ausgeliefert fühlt.

Zwei Hexen bereiten mit Schlangen und Basilisken eine Zaubermixtur, um Unwetter und Hagel herbeizurufen. Kolorierter Holzschnitt aus Ulrich Molitors Hexenbuch.

Seefahrer erwarben von Amulettherstellern Knotenschnüre: Geriet das Schiff in eine Flaute, wurde ein Knoten gelöst, um eine Brise zu erzeugen.

Im Hexenladen

Begleiten wir einmal eine Hexe bei der Beschaffung ihrer Hilfsmittel und stellen uns einfach einen Laden im Keller vor. Er ist unordentlich und vollgestopft mit Regalen und Kästen, die geheimnisvolle Kräuter und Wurzeln, Salbentöpfe und Liebestränke enthalten. Zauberbücher befinden sich ebenso im Angebot wie Amulette, Tarotkarten und Kristallkugeln, getrocknete Tiere und sogar Besen und Ofengabeln zum Ausfahren. Die Hexe von Welt, die etwas auf sich hält, kann sogar das Horn eines Einhorns für die Fahrt zum Hexensabbat erwerben. Leider hat es solche Hexenläden nie gegeben, und Heilkräuter wurden in den Apotheken verkauft. Doch ganz falsch liegen wir mit dieser Einkaufstour nicht, vorausgesetzt, wir befinden uns in Lateinamerika oder im mexikanischen Viertel von Los Angeles. Hier werden heute unter und über dem Ladentisch alle möglichen Zauberdinge vom Affenschädel und getrockneten Schlangen über Kräuter, Wurzeln bis hin zu geheimnisvollen Flüssigkeiten verkauft.

Hexenutensilien

1. **Besen und Ofengabeln** in diverser Ausführung zum Hexenflug.
2. **Destilliergerät** zur Herstellung von Alkohol als Grundlage verschiedener Tinkturen.
3. **Philtrum** Liebestrank, wichtig im Liebeszauber.
4. **Pentagramm** fünfzackiger Stern, der u. a. Zauber und Schaden abwehren soll.
5. **Hexagramm** sechszackiger Stern u. magisches Zeichen, oft als Amulett verwendet.
6. **Puppe** zur Verwendung im Bildzauber.
7. **Salamander** löscht Feuer, **Kröten** und **Schlangenfleisch**, Zutaten für diverse Zaubertränke.
8. **Koralle** wehrt Dämonen ab, die Kinder bedrohen.
9. **Mumienhand** getrocknetes Menschenfleisch als Bestandteil vieler Arzneien.
10. **Waffensalbe** schädigt die Waffen des Feindes und heilt Wunden.
11. **Einhorn** eigentlich der Stoßzahn des Narwals, gilt als Zaubermittel.
12. **Bergkristall** gegen Augenleiden, **Granat** stärkt das Herz, **Lapislazuli** gegen Melancholie und Fieber.
13. **Alraunwurzel** menschenförmige Wurzel und beliebtes Zaubermittel.
14. **Tarot** Kartenspiel mit 78 Karten, dient der Zukunftsdeutung,
15. **Hexensalbe** unerlässlich für den Hexenflug.

Was sind magische Zeichen und Quadrate?

Damit ihnen kein Konkurrent über die Schultern schauen konnte, schufen sich Hexen und Zauberer eigene Alphabete mit geheimnisvollen Zeichen. Manchmal ähneln diese Zeichen den Planetensymbolen der Astrologie, manchmal auch den Buchstaben des hebräischen Alphabets oder alchemistischen Zeichen. Im Volksglauben machte die Benutzung solcher magischen Symbole die Hexerei zur Geheimwissenschaft und die Hexen und Hexer zu Angehörigen eines Geheimbundes.

Zwei Zeichenkombinationen begegnen uns recht häufig. Bei der „Schwundformel" nimmt eine Buchstaben- oder Zahlenreihe von oben nach unten ab. Die Erklärung für die zauberische Wirkung leuchtet ein: So wie zum Beispiel das Wort INCIPIT

„Luna-Medaille" mit Zahlenquadrat, vermutlich 18. Jh.

(lateinisch für „es beginnt") allmählich schwindet, so schwindet schrittweise die Erkrankung oder – je nach Absicht des Magiers – auch die Lebenskraft des verhexten Opfers.

Sehr viel komplizierter sind die magischen Quadrate. Das bekannteste ist die SATOR AREPO-Formel, über deren Bedeutung bis heute gerätselt wird. Wie auch immer man sie liest – stets ergeben sich dieselben geheimnisumwitterten, bis heute nicht geklärten Begriffe. Dies ist magische Rechenkunst mit Buchstaben.

Eine Zauberrolle aus dem 19. Jahrhundert enthält eine Reihe von Amulettzeichen, darunter auch die SATOR AREPO-Formel.

Mit der Herstellung von Amuletten erwarben sich Gelehrte im späten Mittelalter und in der frühen Neuzeit ein Zubrot.

MAGISCHE FEUERWEHR

Die SATOR AREPO-Formel war in der gesamten spätantiken Welt bekannt, das älteste bislang bekannte Beispiel fand sich in einem Haus in dem 79 n. Chr. durch einen Vulkanausbruch verschütteten Pompeji. Als Amulett schreibt man ihr abwehrende Kraft gegen Behexung oder Tollwut zu. Holzscheiben mit der Formel warf man ins Feuer, um einen Brand zu löschen.

Die Stadt Safed im nördlichen Israel gilt als die Stadt der Kabbalisten. Hier entstanden kabbalistische Texte, aus denen dieses Blatt zusammengesetzt wurde.

MAGISCHER SPICKZETTEL

Man muss nicht unbedingt Hebräisch lernen, um sich selbst ein geheimes Zahlensystem zu schaffen: Gib einfach dem Buchstaben A den Wert 1, B den Wert 2 usw. Dann rechne die Summe eines Wortes, z. B. BANK = 2 + 1 + 14 + 11 = 28, aus und suche ein anderes Wort mit der gleichen Summe. Versuche schließlich, zwischen beiden Wörtern eine gemeinsame Bedeutung zu finden. Da aber jeder auf diese Idee kommen kann, kannst du es auch etwas schwieriger machen, indem du nicht bei A (= 1) beginnst, sondern das Alphabet von rückwärts zählst, also Z = 1, Y = 2, X = 3 usw. Damit wirst du zwar weder ein Kabbalist noch ein weltberühmter Zauberer. Aber du kannst mit dieser Geheimschrift Briefe schreiben oder Spickzettel anfertigen.

Was bedeutet Kabbala?

Was „Kabbala" bedeutet, weiß nur ein Kabbalist, und ein Kabbalist wird nur, wer als Kabbalist geboren wurde. Dies behauptete ein bedeutender jüdischer Philosoph. Kabbala, wörtlich „Überlieferung", meint die seit dem 12. Jahrhundert in Südfrankreich und Deutschland entwickelte jüdische Lehre, dass sich die göttlichen Kräfte abgestuft in den vier Welten und zehn Sphären zu erkennen geben und man dadurch Gott näher kommen kann.

In Zauberbüchern, auf Amuletten, in magischen Kreisen oder auf handgeschriebenen Schutzzetteln begegnen uns regelmäßig der hebräische Gottesname JHWH (Jahwe), den man wegen der vier Buchstaben auch „Tetragrammaton" nennt, zahllose hebräische Engelsnamen sowie hebräische Buchstaben, die auf den ersten Blick keinen Sinn zu ergeben scheinen.

Seit dem 16. Jahrhundert interessierten sich auch christliche Gelehrte für kabbalistische Schriften wie den „Sefer ha-Sohar" („Das Buch des Glanzes") – nicht zuletzt wegen einer auffallenden Besonderheit des hebräischen Alphabets: Der lateinische Buchstabe A ist A und sonst nichts. Der hebräische Buchstabe א (Aleph) hingegen kann sowohl als A wie als die Zahl 1 gelesen werden. Und so geht es weiter: ב (Beth) ist B und 2, ג (Gimel) ist G und 3, י (Jod) ist J und 10, ק (Qoph) ist Q und 100 usw. Daraus ent-

Dieses kabbalistische Amulett, im 17. Jahrhundert in den Niederlanden entstanden, soll gegen den Bösen Blick helfen.

wickelten die Kabbalisten Lesetechniken wie die „Gematria" oder das „Notarikon". Man errechnet den Zahlenwert eines Wortes (oder Satzes) und sucht ein anderes Wort (oder einen anderen Satz) mit dem gleichen Zahlenwert. Dann denkt man über eine geheime Verbindung zwischen den beiden Wörtern (oder Sätzen) nach, um dadurch tiefer in das Geheimnis des Begriffes einzudringen. Mit Hilfe dieser Zahlenmystik glaubte man, sogar den allergeheimsten Namen Gottes in Erfahrung bringen zu können. Wem dies gelang, der war ebenso mächtig wie Gott und in der Lage, die Schöpfung neu zu schaffen, mithin der mächtigste Zauberer der Welt. Doch für die meisten Menschen bedeuteten die hebräischen Buchstaben lediglich fremdartige, geheimnisvolle Zeichen und galten damit als magisch besonders wirksam.

Was sind Zauberbücher?

Unabdinglich für die Hexerei waren Zauberbücher. Sie enthalten Zauberformeln, um einen Geist herbeizuzitieren, Menschen zur Liebe zu zwingen und Butter ranzig zu machen, Diebe abzuhalten, Schätze zu finden, Dinge durch die Luft schweben zu lassen oder in die Zukunft sehen zu können. Wir finden in diesen Schriften die geheimen, aber besonders wirkungsvollen Namen Gottes und der guten wie bösen Engel, die den Zauberspruch verstärken sollen, sowie zahllose Beschwörungen und Gebete gegen alle möglichen Krankheiten, gegen Ungeziefer im Haus und auch gegen die böse Schwiegermutter. In der Regel finden sich auch Zeichen, die nur für den Zauberer einen Sinn ergeben, ferner Erläuterungen zur Kraft der Steine, Metalle und Pflanzen sowie Angaben zu „Terminen" wie der Johannis- oder Christnacht, die sich besonders für magische Operationen eigneten. Hexerei ist tatsächlich eine Wissenschaft für sich.

Populären Vorstellungen zufolge waren Zauberbücher so geheim, dass kaum jemand ihren Aufbewahrungsort kannte. Sie befänden sich, so glaubte man, in den allergeheimsten Archiven des Vatikans in Rom oder angekettet in der Universitätsbibliothek von Wittenberg. Zauberschriften kannte man eben nur vom Hörensagen.

Erst Ende des 17. Jahrhunderts erschienen die ursprünglich in lateinischer Sprache verfassten Zauberschriften in deutscher Übersetzung, so etwa 1686 der „Semiphoras und Schemhamphoras Salomonis Regis". Nun stoßen wir plötzlich auf eine Fülle von Zauberliteratur, zum Beispiel die „Claviculae Salomonis" und die „Sigilla Sa-

Drei Seiten aus einer Zauberhandschrift des frühen 19. Jahrhunderts mit Anleitungen, wie man stark wird, Zahnschmerzen lindert oder sich unsichtbar macht: „Schneide einer Schwartzen Katzen daß Rechte ohr ab, und mache ein fingerlein darauß danach leges (lege es) 3 Tage in einer Schwartzen Kuhe Milch und stäcks (stecke es) in anderen finger So sihet dich Niemand."

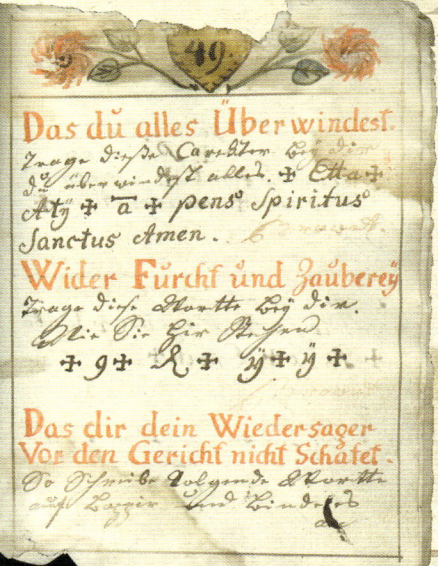

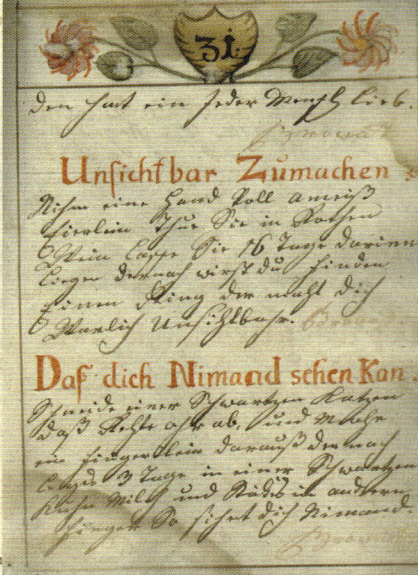

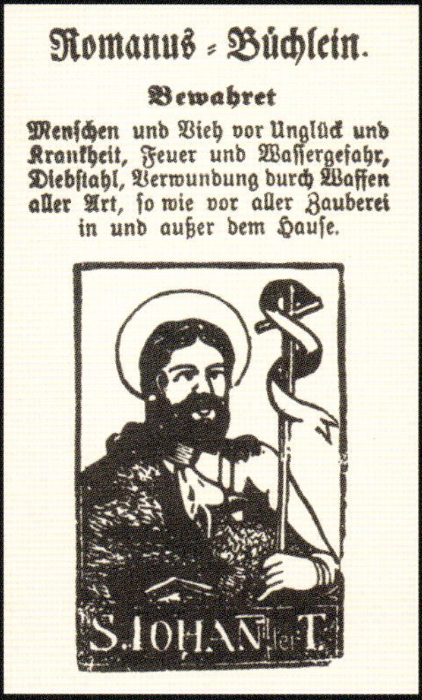
Romanus - Büchlein.

Bewahret

Menschen und Vieh vor Unglück und Krankheit, Feuer und Wassergefahr, Diebstahl, Verwundung durch Waffen aller Art, so wie vor aller Zauberei in und außer dem Hause.

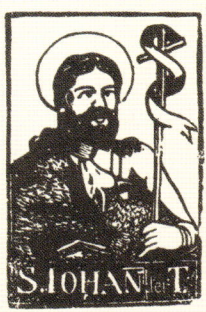

Das Romanus-Büchlein zählte zu den verbreitetsten Zauberanleitungen des 19. und frühen 20. Jahrhunderts. Es enthält Segen und Beschwörungen für alle möglichen Notlagen.

lomonis", die man dem weisen König Salomo zuschrieb.

Dass Schriften wie die „Faustischen Höllenzwänge" mit genauen Anleitungen zur Beschwörung eines Hilfsgeistes, die „Schildwacht-" und „Gertruden-Bücher" oder das populäre „Romanus-Büchlein" erst nach 1700 weiter verbreitet wurden, überrascht nicht. Denn in dieser Zeit näherte sich der Hexenwahn allmählich seinem Ende: Zuvor wäre der Besitz eines Zauberbuchs nicht nur dumm, sondern sogar tödlich gewesen.

Das mit Abstand populärste Zauberbuch aber gibt bis heute Rätsel über seine Entstehung auf: das „6. und 7. Buch Mosis", das erst 1797 aufgetaucht war. Der Religionsstifter Moses verfasste zwar die ersten fünf Bücher des Alten Testaments, doch von weiteren Werken wussten die mittelalterlichen Gelehrten nichts. Allerdings erwähnen bereits die „griechischen Zauberpapyri" des 3. Jahrhunderts nach Chr. eine Schrift mit dem Titel „Gott/Götter. Heiliges Buch, genannt 'Die Monas' oder 'Achtes Buch Mosês vom geweihten Namen". Folglich betrachtete man bereits in der Spätantike Moses als Zauberer und Verfasser einer Zauberschrift; dieses Wissen aber war in der Folgezeit verloren gegangen.

Woher kommt der Zauberstab?

In unserer Vorstellung ist ein Zauberer ohne Zauberstab kein echter Zauberer. Er spricht die Zauberformel „Simsalabim" oder „Hokuspokus", berührt mit seinem Zauberstab einen Gegenstand, z. B. seinen Hut, und schon erscheint das Kaninchen. In der Geschichte der eigentlichen Hexerei spielte dieser Zaubergegenstand jedoch nicht die geringste Rolle. Dennoch besitzt er eine sehr konkrete Geschichte: Bereits in der Antike galt Moses als Magier, der über einen Zauberstab verfügt haben soll. Der Schlüssel zur Lösung findet sich im Alten Testament, das eine Reihe von „Zauberkunststücken" des Moses erwähnt. Moses habe Aaron aufgefordert, seinen Stab vor den Pharao zu werfen, wo dieser sich in eine Schlange verwandelte und die zu Schlangen verwandelten Stäbe der ägyptischen Zauberer auffraß (Exodus 7, 8-12). Auf diese Erzählung beriefen sich die Gelehrten im Mittelalter und in der frühen Neuzeit.

Lateinisch für Zauberlehrlinge

Die wenigen Zauberanleitungen aus dem Mittelalter und den darauf folgenden Jahrhunderten waren ausnahmslos in lateinischer Sprache abgefasst. Da gab es etwa den gefürchteten „Picatrix", den König Alfons von Kastilien 1256 aus dem Arabischen ins Lateinische übersetzen ließ. Wollte eine Hexe mit dem Zaubern so richtig loslegen, hätte sie also sehr gut Lateinisch, aber auch Griechisch und Hebräisch beherrschen müssen. Jene meist ungebildeten Frauen aus ärmsten Verhältnissen, die seit dem 16. Jahrhundert als Hexen vor Gericht standen, konnten aber meist weder lesen noch schreiben.

Eine Hexe kocht ihre Zaubersuppe, das Rezept entnimmt sie einem Zauberbuch.

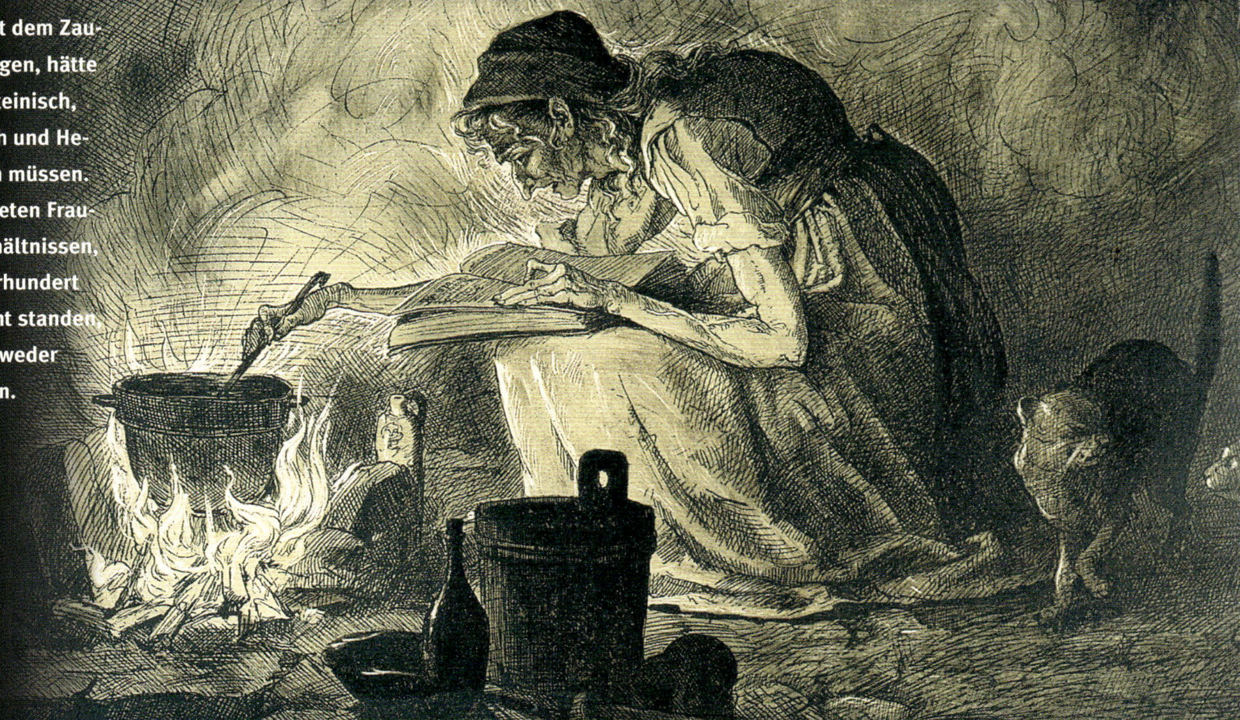

Mit Segen und Beschwörungen wehrte man sich gegen das Böse; man sprach sie aber auch bei der Behandlung von Krankheiten. Sie vertraten die erlaubte, die „natürliche Magie" der weisen Frauen und Männer, wie sie etwa noch heute in Schwaben als Heiler aktiv sind.

Dies erklärt auch, dass im Gegensatz zur verbotenen Schadensmagie Segens- und Beschwörungsformeln seit dem frühen Mittelalter in deutscher Sprache überliefert wurden. Sie beginnen mit den Merseburger Zaubersprüchen aus dem 10. Jahrhundert. Bei Augenkrankheiten half der Regensburger Augen-Segen des 11. Jahrhunderts. Heißt ein Segen „Wurm-Segen" wie etwa der Pariser Wurm-Segen aus dem 12. Jahrhundert, dann soll er keineswegs Bandwürmer vertreiben, an denen die Menschen früherer Zeiten und vor allem die Kinder litten. Damals stellte man sich eine Krankheit wie das Zahnweh als Wurm vor, der im Körperinneren bohrt und dadurch Schmerzen verursacht.

Die Form der Segen und Beschwörungen war recht einheitlich. Sie begannen meist mit einer Erzählung, etwa einer Legende über Jesus, der mit seinen Jüngern auf der Erde umherwandelt.

Es folgte der Grund, weswegen der Segen gesprochen werden soll, also Verhexung, Erkrankung oder auch nur die Beseitigung einer lästigen Warze. Der Segen schloss mit Gebeten wie dem Vaterunser. Dies scheint alles andere als Zauberei zu sein, und tatsächlich stammen die uns bekannten Formeln aus dem offiziellen kirchlichen Gebrauch, mit einem Unterschied: Der Laie übernimmt die Aufgabe des Priesters, indem er selbst ein Gebet zum Beispiel gegen ein von Teufeln und Gespenstern belästigtes Haus spricht. Da aber einfache Menschen glaubten, dass doppelt genäht besser hält, zitierten sie die Formeln mehrmals, in der Regel dreimal. Denn die Zahl 3 galt als gute und Glück bringende Zahl. Dadurch aber erhielten Segen und Beschwörungen wiederum etwas Drängendes und Zwingendes, ja Zauberisches.

Das Amulettbeutelchen mit dem Stück der Nabelschnur eines neugeborenen Kindes stammt aus Griechenland.

Wer ein Fläschchen mit Halbedelsteinen als Amulett besitzt, dem geht das Geld nie aus; so glaubt man in Lateinamerika.

AMULETTE

sind kleine Anhänger, die meist am Körper oder einfach mit sich getragen werden. Sie sollen den Träger vor Unglück schützen. Sie können aber auch einem anderen Nutzen dienen, zum Beispiel Kraft spenden oder die Gesundheit erhalten. Amulette gibt es aus unterschiedlichem Material und in verschiedenen Formen. Lange Zeit glaubten die Menschen zum Beispiel an die Wirkung von kleinen Hufeisen oder Zähnen bei der Abwehr von Hexerei. Heute trägt man vielfach Edelsteine als Glücksbringer bei sich.

Amulettscheibe aus Bronze mit Pentagrammen, Hexagrammen und mehreren konzentrischen Kreisen, die u. a. Gottesnamen und kabbalistische Kürzel wie AGLA enthalten.

Die Liste der den Hexen und Zauberern zugeschriebenen Untaten war lang. Sie konnten ihre Opfer überall und zu jedem Zeitpunkt mit einem Fluch treffen, ihren persönlichen Besitz vernichten oder sie gar töten. Hexerei sei, so glaubte man zudem, ähnlich ansteckend wie die Pest, Cholera oder Masern.

Für Christen galt ein gottesfürchtiges Leben als bester Schutz vor Hexerei. Wer regelmäßig den Gottesdienst besuchte, die Kommunion oder das Abendmahl empfing und vor aller Augen das Glaubensbekenntnis betete, war nicht nur vor Zauberei gefeit, sondern auch vor dem Verdacht, selbst eine Hexe oder ein Zauberer zu sein.

Im Alltag schützte man sich mit zahllosen Mitteln gegen Verhexung: mit Amuletten, geweihten Gegenständen, Bildern oder Zetteln mit Gebeten und abwehrenden Formeln. Weihwasser und Weihrauch boten ebenso Schutz vor Bezauberung. Um Hexen vom Haus fern zu halten, knieten in die Vereinigten Staaten eingewanderte Spanier nieder und sprachen dreimal mit leiser Stimme das Gebet: „Vier Ecken hat mein Haus, vier Engel, die es lieben, Lukas, Markus, Johannes und

„Der behexte Schuh". Holzschnitt aus Ulrich Molitors Hexenbuch „De lamiis et phitonicis mulieribus" von 1489.

Wie schützte man sich vor Zauberei?

Matthäus. Hinweg alle Hexen und Zauberer, und auch der schwarze Mann. Im Namen des Vaters und des Sohnes und des Heiligen Geistes."

In Schottland glaubte man, dass man an Halloween (31. Oktober) die Hexen sehen und sie durch Feuer vertreiben könne. Inzwischen feiert man nicht nur in den angelsächsischen Ländern, sondern auch in Deutschland Halloween.

Überhaupt spielt die reinigende Kraft des Feuers eine wichtige Rolle beim Schutz vor Hexen. Warf man zum Beispiel Salz ins Herdfeuer, sollte dies helfen, böse Geister und Hexen aus dem Zimmer zu vertreiben.

In Italien wehrte man sich gegen Hexen sogar mit der Hand; man musste nur den Daumen zwischen Zeige- und Mittelfinger stecken und damit auf die Hexe deuten. Diese bis heute gebräuchliche Gebärde heißt „Feige" (ital. „fica"). Ein weit verbreitetes Abwehrmittel gegen die „Truden", wie man im süddeutschen Raum die Hexen nennt, ist die geöffnete Schere: Zwischen den beiden Scherblättern sollte sich die Hexe verfangen. In Süditalien meißelte man das Zeichen der Schere in die Schwelle der Haustüre oder drückte einfach eine geöffnete Schere in den weichen Beton. Noch zu Beginn des 20. Jahrhunderts konnte man auch in Deutschland beobachten, dass Mütter Scheren in die Kinderwägen legten, damit die „Trud" dem Säugling keinen Schaden zufügte.

Dachs- oder Maulwurfsklauen hingen mit anderen Amuletten an den „Fraisenketten", die ihren Träger, vor allem Kleinkinder, gegen Hexerei und alles Unglück schützen sollten.

Mit Amuletten schützten die Juden neugeborene Kinder vor der Kindbettdämonin Lilith.

Ein Amulett in Form einer „Feige" (fica) wehrt den bösen Blick ab.

Drudenmesser aus der 1. Hälfte des 19. Jahrhunderts. Mit solchen Messern, die in das Kopfende des Bettes gesteckt wurden, schützten sich die Menschen früher vor Hexen.

Die Hexenverfolgungen

Was sind Hexenverfolgungen?

Hexenverfolgungen, bei denen in der Mehrzahl Frauen wegen vermeintlicher Zauberei vor Gericht gestellt und hingerichtet wurden, setzten in Mitteleuropa erst im 16. Jahrhundert ein. Doch die Wurzeln des Hexenwahns reichen tiefer – da Magie in der christlichen Kultur als Sünde galt und Teufelsanbetung Götzendienst bedeutete, kam es bereits im Mittelalter zu den ersten Prozessen gegen Hexen und Zauberer. Die gerichtliche Untersuchung und Bestrafung etwa wegen Todes- oder Liebeszaubers, Wettermachens und „Giftmischerei", ein alter Begriff für Hexerei, lagen bei der Kirche, nicht beim Staat, die Strafmaße waren gering. Nach 1200 aber führten geistige und soziale Krisen zu Veränderungen. 1209 rief Papst Innozenz III. zum Kreuzzug gegen die Glaubensgemeinschaft der Waldenser in Oberitalien auf. Sie gehörten zu den „guten Menschen", den südfranzösischen Katharern, die daran glaubten, dass Gut und Böse, Gott und Teufel gleichrangig seien. Man warf ihnen daher Teufelsanbetung vor. Ein ähnliches Schicksal erlitten später die Tempelritter; mit dem aus der Luft gegriffenen Vorwurf der Hexerei und Satansverehrung beseitigte man die Mitglieder des Ordens, der politisch zu mächtig geworden war.

Eine weitere Spur führt zu Papst Johannes XXII. (1316-1334) nach Avignon. Er war überzeugt, dass sich alle Hexen und Zauberer zu einer teuflischen Sekte verbündet hätten. 1317 stand Hugues Géraud (oder: Géraldy), Bischof von Cahors, wegen angeblichen

Regensburg blieb von Hexenprozessen verschont. Wer jedoch Geister beschwor, um Schätze auszugraben, wurde zum Spott der Passanten an den Pranger gestellt. Die Tafel von 1739 weist auf ein solches Vergehen hin.

Wegen Zum Verbottenen Schatzgraben aüß Zusuechen Intendierten bösen Geistß 1739

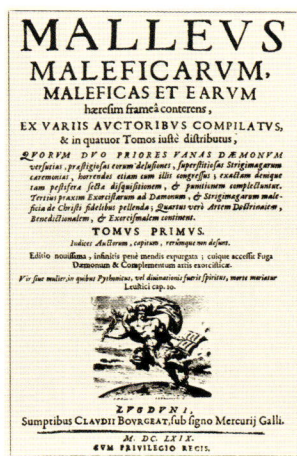

Der „Hexenhammer" erschien erstmals 1487 und fasste das damalige Wissen über Hexerei zusammen. Auf seiner Grundlage wurden die Hexenprozesse geführt.

Mordversuchs an Papst Johannes XXII. vor Gericht. Man warf ihm vor, den Tod des Neffen des Papstes mit Hilfe von Gift, Zauberei mit Wachsfiguren, der Asche von Spinnen und Kröten, der Galle eines Schweins und anderer Zaubermitteln verursacht zu haben. Nach siebenmaliger Befragung durch Johannes XXII. selbst folterte man ihn und verbrannte ihn auf einem Scheiterhaufen.

Wann kam es zu ersten Hinrichtungen?

Am 27. Februar 1318 beauftragte der Papst Bischof Bartholomäus von Fréjus und weitere Vertreter der Geistlichkeit, eine Untersuchung gegen mehrere Priester und Laien wegen Zauberei einzuleiten; sie hätten u. a. Zauberschriften besessen, Zauberbilder angefertigt und böse Geister beschworen. Von nun an ging es Schlag auf Schlag. 1326 oder 1327 verfasste der ebenso ängstliche wie abergläubische Papst die Bulle „Super illius specula": Zahllose Menschen seien nur mehr dem Namen nach Christen, gingen einen Pakt mit der Hölle ein und opferten den Dämonen. Sie stellten eine Gefahr für das Christentum dar. Damit setzte er eine erste Prozesswelle gegen die Zauberer in Gang. Am 24. April 1323 richtete man in Carcassonne vier Ketzer hin, 1357 erhöhte sich dort die Zahl der wegen Hexerei Getöteten bereits auf 31. Die Opfer, Männer ebenso wie Frauen, gehörten allen Schichten der Gesellschaft und häufig sogar dem Adel und dem Klerus an. Dies aber sollte sich ändern.

Was war der Hexenhammer?

Der „Hexenhammer", eigentlich lateinisch „Malleus maleficarum", fasste erstmals das im 15. Jahrhundert geläufige Wissen über Dämonen und Hexerei zusammen. Das Werk erschien 1487 in Straßburg, sein Verfasser ist der Dominikaner Heinrich Institoris (um 1430-1505). Als Mitverfasser gab er seinen Ordensbruder Jacob Sprenger an.

Der „Hexenhammer" leitete die systematische Verfolgung der Hexen in Mitteleuropa ein. Im Gegensatz zur früheren Gerichtspraxis genügte nun bereits die Beschuldigung als Hexe. Die Folter und die „Hexenprobe" wurden zum Bestandteil des Verfahrens, die weltlichen Gerichte sollten sich aktiv an der Verfolgung des „Hexengesindels" beteiligen. Die schwerwiegendste Folge des Buches

JOHANNA VON ORLÉANS – HEXE ODER HEILIGE?

Eine Miniatur zeigt die Gefangennahme und Hinrichtung der Johanna von Orléans. Der Vorwurf der Hexerei war nur vorgeschoben; die Engländer wollten sie politisch ausschalten.

Am 6. Januar 1412 wurde Johanna von Orléans im lothringischen Dorf Domrémy geboren. Der Legende nach erschien ihr im Alter von 16 Jahren ein Engel. Er forderte sie auf, die Stadt Orléans von den Engländern zu befreien. In einer weißen Rüstung führte sie die französischen Truppen an, nahm die Stadt ein und schlug die Engländer in die Flucht. Weitere Siege folgten, und das Mädchen begleitete den französischen Kronprinzen nach Reims, wo er als Karl VII. zum König gekrönt wurde. Doch Johanna von Orléans wurde an die Engländer verraten, verhaftet, wegen Ketzerei und Hexerei vor Gericht gestellt und am 30. Mai 1431, gerade einmal 19 Jahre alt, als Hexe auf dem Marktplatz von Rouen verbrannt. 1920 wurde sie heilig gesprochen und ist heute als „Jungfrau von Orléans" die Nationalheilige Frankreichs.

Eine Nachbarin beschuldigt die Angeklagte, Vieh verhext zu haben. Häufig führten Denunziationen und aus der Luft gegriffene Vorwürfe zu den Hexenprozessen.

bestand jedoch in der Gleichsetzung der Hexerei mit der Frau. Institoris machte sich die Begründung leicht: Die Frau sei geschwätzig und leichtgläubig, erliege daher leichter den Versuchungen des Teufels. Das lateinische Wort für Frau bestätige seine Einschätzung: „femina" käme von „fe minus", also „weniger an Glauben". Die Auslegung besagte, dass die Frau im Gegensatz zum Mann weniger stark und gefestigt im Glauben an Gott sei. Die Folgen waren weitreichend und fatal. Damit war die Hexe der Neuzeit geboren, der Mann als Zauberer hatte weitge-

hend seine Bedeutung verloren.

Obwohl in der Folgezeit der „Hexenhammer" die juristische Grundlage für die Durchführung der Hexenprozesse bildete, genügte im 17. Jahrhundert die Begründung mit der Un- und Leichtgläubigkeit der Frau allein nicht mehr. Die Naturwissenschaften hatten zunehmend an Einfluss gewonnen. Deswegen suchte man nach einer biologischen Erklärung für die Schwachheit der Frau und fand sie im Blutverlust durch die monatliche Menstruation. Er schwäche die Frau und mache sie zum leichten Opfer für den Teufel.

HEXENHAUS

Man fürchtete die Hexerei als ansteckende Krankheit gerade für jenen Kreis von Personen, die mit Hexen in körperlichen Kontakt kamen: Richter, Gerichtsschreiber, Folterknechte und Gefängniswärter. In Bamberg brachte man daher die verdächtigten Hexen nicht zusammen mit anderen Gefangenen unter, sondern errichtete für sie 1627 ein eigenes Gefängnis, das als „Bamberger Druden- oder Hexenhaus" traurige Berühmtheit erlangte.

Daumen- und Bein-schrauben wie diese kamen in der Folter häufig zur Anwendung.

Wie ging ein Hexenprozess vor sich?

Im Zeitalter des Hexenwahns genügten bereits der Neid und die Missgunst der Nachbarn, ein unbedacht aus-gesprochenes Wort, zum Beispiel ein Fluch, um in den Verdacht der Hexerei zu gera-ten. Die örtlichen Hexenjäger, die im Land umherzogen und jedes Gerücht für bare Münze nahmen, und die Anzeige bei den Behörden erledigten den Rest.

Rechtlichen Beistand durch einen Verteidiger erhielt die verdächtigte Person in der Regel nicht, Indizien-prozesse wurden nicht geführt, und die Richter zeigten sich an der Auf-rufung von Zeugen für die Ange-klagte wenig interessiert. Die Fragen ergaben sich aus dem „Hexenham-mer", so etwa die nach der Art und Weise, wie sie den Teufel verehrt habe und wer die Mittäterinnen und Mittäter seien. Hier zeichnen die Hexenprozesse seit dem späten 16. Jahrhundert ein recht eindeutiges Bild. Sie verlaufen im Schneeball-system: Eine Verdächtigte nannte weitere Personen, die wiederum neue Namen preisgaben, und so ging es weiter. Dem „Geständnis" half die Folter nach; meist genügte bereits die Anwendung des ersten Grades, um die Richter ihr Ziel errei-chen zu lassen. Zur Erhärtung der Anklage konnten sie auf die Hexen-probe zurückgreifen.

Hatte der Prozess die „Schuld" der Hexe er-bracht, folgte in der Regel das Todesurteil. Bei einem frühen Geständnis und bei Reue über die Untaten lag es im Ermessen des Gerichts, ihr die Gnade ei-nes schnellen Todes durch Erdrosselung oder Ent-hauptung zu erweisen. Doch in der Mehrzahl der Fälle verbrannten die Op-fer qualvoll. Man sah da-rin einen Akt der Läute-rung: Die Verurteilte sollte mit gereinigter Seele in den Himmel eingehen und so in letzter Minute vor der ewigen Verdamm-nis gerettet werden. Viele Flurnamen wie „Hexen-bruch" oder „Hexenanger" erinnern noch heute an die Hinrichtungsstätten.

Hexenprozesse fanden vom 16. bis zum späten 18. Jahrhundert sowohl

HEXENPROBEN

Zur Bestätigung, dass es sich bei der Ange-klagten auch um eine Hexe handelte, konn-te eine so genannte „Hexenprobe" durch-geführt werden. Nach Überzeugung der Richter unterschied sich die Hexe körperlich von ihren Mitmenschen. Sie galt als blut-leer oder blutarm. Stachen die Folterknech-te in ein Muttermal oder eine Warze und es trat kein Blut aus, galt dies als Beweis für Hexerei. Zudem war man der Ansicht, eine Hexe sei leichtgewichtig, da sie Satan ihre Seele vermacht hätte. In der niederländi-schen Stadt Oudewater wog man vermeint-liche Hexen daher auf der „Hexenwaage". Eine verbreitete Praktik war die Wasserpro-be: Hierzu warf man die Angeklagte mit ge-fesselten Armen und Beinen ins Wasser; schwamm sie oben, war sie der Hexerei überführt, ging sie unter, war ihre Unschuld erwiesen – ein makabres „Gottesurteil", da es so oder so mit dem Tod der Verdächtigten endete. Doch man wandte auch weniger spektakuläre Proben an: Stotterte die An-geklagte beim Aufsagen des Glaubens-bekenntnisses oder des Vaterunser, dann hatte sie sich selbst der Hexerei überführt.

Zwei Möglichkeiten, die Schuld der Ange-klagten nachzuweisen: die Wasserprobe (oben) und das Wiegen auf der Hexenwaage, wie es in Oudewater praktiziert wurde.

vor kirchlichen wie vor weltlichen Gerichten statt, ihre Zahl stieg zwischen 1590 und 1630 rapide an. Betroffen war vor allem Westeuropa mit den katholischen und protestantischen Territorien. In den Ländern der orthodoxen Kirche, hier vor allem in Russland, war die gerichtliche Verfolgung von Hexen hingegen unbekannt.

Auch ein Apotheker konnte sich leicht der Zauberei verdächtig machen.

Wann und wo wurden die Prozesse geführt?

Die Hexenverfolgungen verliefen in zeitlichen und regionalen Wellen. Die Ursachen sind vielfältig: Epidemien, Missernten und Naturkatastrophen hatten Hungersnöte und Verarmung zur Folge. Auch die Erwartung des Weltuntergangs im 16. Jahrhundert sowie die Wirrnisse des Dreißigjährigen Krieges (1618-1648), verunsicherten die Menschen.

Daneben stoßen wir immer wieder auf persönliche Motive: der Wunsch nach Bereicherung an Hab und Gut der Angeklagten, Neid und Missgunst unter Nachbarn oder der populäre Hexenglaube. Davon waren vor allem Frauen und hier besonders auffällige Gruppen der sozialen Unterschichten betroffen: Heilkundige, die für die medizinische Versorgung der Menschen in den Dörfern sorgten oder Hebammen, denen man nachsagte, dass sie sich das für die Herstellung der Hexensalbe erforderliche Leichenfett beschaffen konnten. Unter der Gruppe der Beschuldigten befanden sich ferner Witwen oder die Bewohner von Armenhäusern und Spitälern, darunter sogar Waisenkinder. Gelegentlich saßen auch Männer auf der Anklagebank, Viehhirten etwa und Apotheker, die wegen ihres Wissens über heilende Kräfte in der Natur in den Verdacht der Zauberei gerieten. In Salzburg wurden im späten 17. Jahrhundert vor allem Männer wegen Hexerei belangt.

Eigenartigerweise führte man schon im 16. Jahrhundert in den Kernländern der Inquisition, in Spanien, wo eine nennenswerte Verfolgung von Hexen nur im Baskenland stattfand, in Italien und anderen katholischen Mittelmeerländern kaum mehr Hexenprozesse. Schätzungs-

DIE VERBREITUNG DER HEXENPROZESSE

Franken, wo in Bamberg von 1626 bis 1630 die größte deutsche, wenn nicht sogar europäische Hexenverfolgung stattfand, nahm eine traurige Sonderstellung ein. Andere Gebiete blieben vom Hexenwahn weitgehend verschont, so etwa die protestantische Markgrafschaft Ansbach-Bayreuth, das Niederrheingebiet oder das Fürstentum Jülich-Kleve-Berg. Dort fand zum Beispiel Johannes Weier 1550 Schutz und Unterschlupf als Leibarzt des freisinnigen Herzogs Wilhelm IV.

Eine Frau bringt ihr Kind im Sitzen zur Welt, eine Hebamme erleichtert ihr die Geburt. Hebammen gehörten in der Periode der Hexenverfolgung zum besonders gefährdeten Personenkreis.

weise dreiviertel der Verfahren beschränkte sich auf Mitteleuropa, auf Frankreich, die Niederlande, die Westschweiz und Deutschland. In Dänemark wurden wegen eines anderen Rechtssystems nur wenige Prozesse geführt.

Der Arzt Johannes Weier (1515-1588) verfasste 1563 eine kritische Schrift gegen den Hexenglauben („De Praestigiis Daemonum"), die ihn in selbst in den Verdacht der Zauberei brachte.

Wann und wie endeten die Hexenprozesse?

Heute wissen wir, dass die im 19. Jahrhundert errechneten Zahlen von Hinrichtungen weit übertrieben waren. Manche Bürgermeister verjagten die Hexenjäger aus ihrem Dorf oder verhinderten die Einleitung von Hexenprozessen, um Ruhe zu haben. Auch kirchliche Gerichte schlugen Verfahren nieder, und an protestantischen Universitäten richtete man juristische Kommissionen als oberste und letzte Instanzen ein, die jedes Verfahren noch einmal genau zu überprüfen hatten.

In einer dieser Juristenkommissionen in Leipzig aber saß Christian Thomasius (1655-1728). Nach und nach kamen ihm Bedenken wegen der Auswirkungen der Folter. Er erkannte, dass ein Angeklagter infolge der unerträglichen Schmerzen alles gestand, was die Richter hören wollten. 1712 verfasste er eine Schrift über das Wesen der Inquisitionsprozesse gegen die Hexen. Zwei Jahre später, 1714, leitete ein Edikt König Friedrich Wilhelms in Preußen die Beendigung der Hexenprozesse ein. Für die katholische Seite erreichte der Jesuit Friedrich Spee von Langenfeld (1591-1635) mit seiner „Cautio criminalis" von 1631 ein ähnliches Umdenken.

Friedrich Spee von Langenfeld

Die letzten von Gerichten verfügten Hinrichtungen von Hexen fanden in den Niederlanden im Jahre 1610, in England 1684 statt. Frankreich beendete den Spuk im Jahre 1745. In Deutschland und der Schweiz dauerte die Hexenverfolgung länger: Anna Maria Schweghelin aus dem Hochstift Kempten wurde 1775, das Dienstmädchen Anna Göldi aus dem Kanton Glarus 1782 hingerichtet. Mit ihnen endete eine der dunkelsten Epochen in der Geschichte Europas, die nach vorsichtigen Schätzungen zwischen 15000 und 80000 unschuldigen Menschen das Leben gekostet hatte.

DIE PROZESSE VON SALEM

Mit den Auswanderern gelangte der europäische Hexenwahn nach Nordamerika. Berühmt wurde die Hafenstadt Salem in Massachusetts 1692 als Schauplatz grausamer Hexenverfolgungen. Im Dezember 1691 vertrieben sich dort sieben Mädchen die Zeit mit einem „Orakel": Sie schlugen ein Ei in ein Weinglas; es sollte ihnen ihre zukünftigen Ehemänner zeigen. Vom Ergebnis enttäuscht fiel zuerst Elizabeth Parris, die neunjährige Tochter des Ortsgeistlichen, dann dessen Nichte, die 11-jährige Abigail Williams in hysterische Krämpfe. Nach und nach steckten sich auch die anderen Mädchen an. Samuel Parris war klug genug, seine Tochter und die Nichte sofort bei einem Freund untertauchen zu lassen. Über die anderen Mädchen, die sich krampfartig verrenkten und unentwegt am Körper kratzten, schrieb der Arzt Dr. William Griggs, dass die „Hand des Bösen" auf ihnen liege. Nun beschuldigten die Mädchen die aus Barbados stammende Sklavin Tituba, die ihnen das Ei-Orakel gezeigt hätte, und andere Mitglieder der Gemeinde. 1692 kam es zu den Prozessen (oben), die mit 20 Todesurteilen endeten. Bereits 1697 erwiesen sich die Prozesse als Justizirrtum und führten 1722 zu Entschädigungen für die Angehörigen der Opfer.

Hexen & Zauberer
und kein Ende ...

Mit dem Ende der Hexenverfolgung schlug im ausgehenden 18. Jahrhundert die Angst vor Hexen und dem Teufel erst einmal in beißenden Spott um. Man machte sich nun lustig über jene abergläubischen Zeitgenossen, die weiterhin an das Übersinnliche und Übernatürliche glaubten. Ganz aber konnte der Glaube an Hexen, Zauberer und Magie nicht ausgerottet werden. Er nahm stattdessen neue Formen an. Da sich die Gerichte nicht mehr um Hexen und Zauberer scherten, durfte von jetzt an jeder an das glauben, was er wollte. Die neuen Zauberwörter hießen Okkultismus, Spiritismus und Satanismus. Diese drei Bewegungen lassen sich nicht immer exakt voneinander trennen. Ein Okkultist wie Aleister Crowley (1875-1947) konnte zugleich ein Satanist sein.

Okkultismus geht auf das lateinische „occultum" zurück, was soviel wie „geheim" oder „verborgen" bedeutet. Der Okkultismus stützt sich auf den Glauben an paranormale Phänomene und an übersinnliche Kräfte, derer sich der Mensch bedienen kann. Den Begriff prägte vor allem der ehemalige französische Priesteramtsanwärter Alphonse Louis Constant, der sich später Eliphas Lévi (1810-1875) nannte. Er sah in Magie, Geisterbeschwörung und dem Versuch, die Zukunft für sich vorherzubestimmen, seine ganz persönliche Religion. Die Okkultisten betrachten ihr Wissen als geheime Überlieferung nur für Eingeweihte.

Der Okkultismus vereinigte eine Reihe von Praktiken und Traditionen wie etwa den Magnetismus und die magnetischen Geistheilungen Franz Anton Mesmers (1734-1815) oder das Gedankengut der Rosenkreuzer. Im 20. Jahrhundert kamen fernöstliche und indische Lehren hinzu, aber auch die Mythen nordamerikanischer Indianer und neu belebte schamanistische Rituale.

In der Gegenwart erweist sich der Okkultismus als nahezu undurchschaubares Sammelsurium von Überzeugungen, Praktiken und „Lebenshilfen", von magischen Praktiken, Orakeln, dem Lesen der Tarotkarten, der Chiromantie oder dem

Spiritisten führen eine Séance durch. Szene aus Fritz Langs Spielfilm „Dr. Mabuse, der Spieler" von 1922.

Gefälschte „Geisterfotografien" wie diese „Inspiration des Dichters" (um 1900), entstanden zahlreich zu Beginn des 20. Jahrhunderts.

Erstellen von Horoskopen. Die Beschwörung des Außersinnlichen übt auf viele Menschen und vor allem auf Jugendliche große Anziehungskraft aus.

Der Magier Aleister Crowley verstand sich als Verehrer und Teil des absolut Bösen. Er nannte sich selbst „das große Tier" und gab sich die satanistische Zahl „666", die in den „Offenbarungen" des Evangelisten Johannes Zeichen für die Wiederkehr des Bösen ist.

Was ist Spiritismus?

Die Spiritisten sind davon überzeugt, mittels eines Mediums, eines „Kanals", Kontakt mit einem jenseitigen Wesen aufnehmen und dieses als Geist erscheinen lassen zu können. Hierzu versetzt sich das Medium während der klassischen Séance in Trance. Der Spiritismus beruht auf der Vorstellung, dass der Mensch aus dem Körper, dem Astralleib und dem Geist bestehe. Diese würden beim Tod getrennt. Geist und Astralleib lebten fort, was sowohl das Erscheinen von Geistern wie die Wiedergeburt ermögliche.

Die spannende Geschichte des Spiritismus begann mit einem Be-

Ein Medium tritt während einer spiritistischen Séance in Boston mit einem Geist in Kontakt.

trug. 1848 „hörten" die Kinder des Farmers John D. Fox in ihrem Haus in Hydesville im amerikanischen New Jersey unerklärliche Klopfgeräusche. Eine Untersuchungskommission entwickelte daraufhin ein Klopf-Abc, eine Art Morse-Alphabet. Damit verständigten sie sich mit dem Poltergeist, der ihnen mitteilte, dass im Keller des Hauses die Leiche eines ermordeten Kaufmanns verscharrt sei. Sie wurde auch gefunden, allerdings gaben die Kinder später zu, die Klopfgeräusche selbst erzeugt zu haben. Damit war jedoch ein neuer Geister- und Gespensterwahn geboren, und andere Spukfälle schlossen sich an.

Viele Phänomene, die wir bereits in der klassischen Magie kennen gelernt haben, finden wir auch bei den Spiritisten wieder: das Hellsehen,

SATANISMUS

Der Satanismus setzt den Teufel an die Stelle Gottes. Im 19. Jahrhundert erkannten die Satanisten in Satan oder Luzifer sich als Menschen selbst wieder, die aus dem Paradies verstoßen worden waren. Satan galt ihnen nicht nur als Inbegriff aller menschlicher Laster, sondern auch als wehmütige, melancholische Gestalt. Diese Form des Satanismus schuf ihre eigenen moralischen Regeln ohne blutige Rituale – sie spielte mit der Unmoral des Bösen. Alle Formen des Satanismus stellen sich bewusst gegen die Werte des Christentums und führen damit auch zum Widerstand gegen die etablierte Gesellschaft. Der moderne Satanismus dient weniger als Religionsersatz denn als Ausdruck gesellschaftlichen Protestes. Dadurch fasziniert er gerade Jugendliche wie z. B. die Gruppe der „Gruftis" (links). Musikstile wie „Death Metal" zitieren in ihren Texten regelmäßig satanistisches Gedankengut. Damit erfüllen die Musiker die Erwartungen ihres Publikums, ohne selbst praktizierende Satanisten zu sein.

Wollten Kinder nicht laufen lernen, zogen weise Frauen oder Männer sie durch natürlich gewachsene Löcher in Bäumen. Man glaubte, durch die Berührung werde die Krankheit abgestreift. Brachte das Durchziehen den erwünschten Erfolg, hing man als Dank kleine Stofffetzen an den Baum.

die Telepathie oder die Telekinese, die Fähigkeit, Gegenstände zum Schweben zu bringen. Besonderer Beliebtheit erfreuen sich derzeit Geistheilungen oder Heilungen durch Handauflegen. Dass hier dem Betrug Tür und Tor geöffnet sind, steht außer Zweifel: Die Geschichte des Spiritismus steckt voller Betrüger und gefälschter Geisterfotografien.

Der Wicca-Kult baut sowohl auf dem Okkultismus des 19. Jahrhunderts wie auf dem Hexenglauben auf. Das altenglische Wort „wicca" bedeutet „weise Frau" und ist verwandt mit dem englischen Begriff für „Hexe", nämlich „witch". Der Wicca-Kult fand seine meist weiblichen Anhänger vor allem in den angelsächsischen Ländern.

Was ist der Wicca-Kult?

In seinem Mittelpunkt steht die Frau. Als Hexe sieht sie sich im Gegensatz zum männlich geprägten Christentum. Sie verkörpert die Verehrung der Muttergottheit in der Natur; dies sei die ursprüngliche Religion der Menschheit gewesen. Das weibliche Prinzip stehe daher über dem männlichen.

Die Rituale des Wicca-Kults sind beeinflusst vom „Hexen-Kalender". Die Einführung in das Hexenhandwerk findet bei jedem der vier jährlichen Hauptfeste statt: Candlemas Anfang Februar, Belrane Anfang Mai, Lammas Anfang August und Halloween im Oktober. Darin spiegeln sich nach der Überzeugung der Wicca-Anhänger die Bewegungen der Natur wider; jeder Sabbat kennzeichnet einen Wendepunkt des Jahres, an dem Magie besonders stark wirke.

Beim „Estabat", dem Arbeitstreffen der Hexen, wird mit einem

HERALD B. GARDNER

Gegründet hat den Wicca-Kult ausgerechnet ein Mann, Herald Brousseau Gardner (1884-1964). Er behauptete, einen vorchristlichen Hexenkult entdeckt zu haben: Bereits in heidnischer Vorzeit seien weise Frauen als Heilkundige tätig gewesen, und die Hexe habe sogar die Verfolgungen des Mittelalters überlebt. Tatsächlich wurde Gardener von den Schriften Margret Murrays und Aleister Crowleys beeinflusst.

Fraisenkette mit verschiedenen Amuletten aus dem 19. Jahrhundert.

Schwert ein neunfüßiger Kreis auf den Boden gezeichnet. In dessen Mitte steht die Oberhexe, die Hohepriesterin, und spricht ein Gebet aus dem „Buch der Schatten", der Zauberbibel der Wicca. Gesang und gemeinsamer Tanz folgen, dann richtet sich die Kraft der Konzentration auf jene Person, die Hilfe sucht. Das Treffen endet mit einer gemeinsamen Mahlzeit.

Die aus Film, Funk und Fernsehen bekannte „Hexe Theresia" liest einer Kundin die Karten.

WALPURGISNACHT

Heute feiern Frauen wieder als Hexen die Walpurgisnacht, z. B. auf dem Brocken im Harz. Ein Teil der „Neuen Frauenbewegung" hat sich seit den

6oer Jahren des 20. Jahrhunderts mit der Gestalt der historischen Hexe identifiziert. Sie sah in ihr das Sinnbild für die Unterdrückung der Frau in einer von Männern beherrschten Welt. Daher findet man Hexenembleme auch als Zeichen der Frauenbewegung, und gerade Frauen schrieben in der letzten Zeit wichtige Bücher über den Hexenglauben.

Der Glaube an Hexen lebt in der Gegenwart ungebrochen fort, auch und gerade in den Industrieländern und nicht mehr nur in abgelegenen Gebieten Afrikas und Asiens. Doch wir finden mehrere Formen der Hexerei.

Zum einen überlebte die traditionelle Hexenkunst der weißen Magie, in Deutschland etwa in den Dithmarschen, in der Lüneburger Heide oder in Oberschwaben. Weise Frauen

Gibt es moderne Hexen?

Längst benutzen Astrologen und Wahrsager zur Erstellung von Horoskopen den Computer.

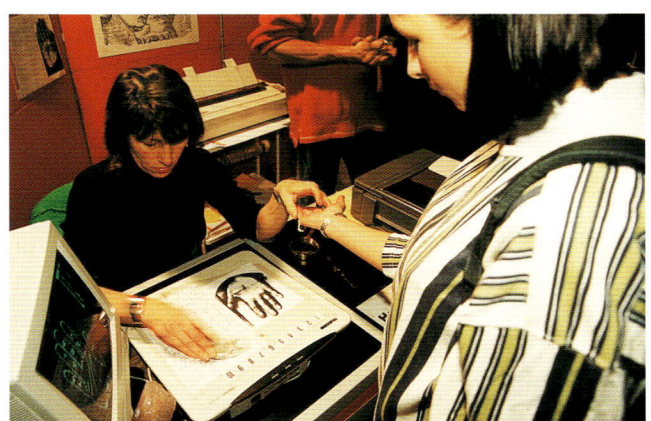

und auch Männer behandeln nach wie vor ohne jegliche medizinische Ausbildung Erkrankungen. Sie setzen Schröpfköpfe, unternehmen Aderlässe, brauen Heiltinkturen, fertigen Amulette und Arzneimittel an. Mit speziellen Formeln und Beschwörungen beten sie z. B. Warzen und Geschwülste weg. Sie haben altes Wissen über die Natur bewahrt; da es nicht mehr mit dem modernen Stand der medizinischen Forschung übereinstimmt, betrachten wir es heute als Magie und die weisen Frauen als Dorf- oder Kräuterhexen. Doch Untersuchungen haben gezeigt, dass so manche dieser Heilerinnen Wert auf Fortbildung legt, sich an neuen alternativen Heilweisen orientiert oder eine zusätzliche Ausbildung als Heilpraktikerin absolviert.

Zum anderen bildet Hexerei heute in den Städten einen eigenen Berufszweig mit hohen Umsätzen. Astrologen, Wahrsager, Hexen und Zauberer bieten für alle möglichen Wünsche ihre Dienste an. Sie lesen aus der Hand oder aus Karten, blicken in den Kaffeesatz und in die Kristallkugel, verkaufen Amulette, Talismane, Pyramiden, Pendel, indianische Traumfänger und tibetanische Mandalas. Damit können sie durchaus auch Schaden anrichten, wenn sie etwa aus den Karten den Tod eines Menschen vorhersagen.

Ein Druide schneidet mit seiner goldenen Sichel einen Mistelzweig ab.

In den Augen der Europäer sind

Sind Druiden, Schamanen & Medizinmänner auch Zauberer?

Druiden, Schamanen und Medizinmänner Hexen und Zauberer. Doch so einfach verhält sich die Sache nicht. Druiden sind die sagenumwobenen Priester der Kelten, Schamanen finden wir z. B. bei den Inuit (Eskimos) auf Grönland und im nördlichen Alaska vor deren Christianisierung, bei den Samen („Lappen") Nordeuropas oder bei südamerikanischen Indianerstämmen. Sie setzen sich etwa durch das Trommeln auf der Schamanentrommel in Trance und begeben sich auf eine Reise ins Jenseits. Dort befragen sie die Geister, wie sie zum Beispiel einen kranken Menschen heilen können. Auf Medizinmänner, also heilkundige Personen, stoßen wir in Afrika und bei amerikanischen Indianerstämmen. Obwohl sie sich bei ihren Ritualen übernatürlicher Kräfte bedienen, können wir sie nicht mit den europäischen Hexen und Zauberern vergleichen.

Magie ist so alt wie die Menschheit. Je weiter wir aber in der Geschichte zurückgehen, umso mehr verwischen sich die Grenzen zwischen Religion und Magie. Ob die altsteinzeitlichen Höhlenmalereien in Südfrankreich und Spanien in religiöser Absicht entstanden oder Teil eines Jagdzaubers bildeten, wissen wir nicht. Schamanen und Medizinmänner aber führen „Zauber"praktiken aus, die denen in Europa zu ähneln scheinen. Doch „Magie" und „Religion" trennen sich an einem entscheidenden Punkt: Der Schamane handelt in Übereinstimmung mit der religiösen Überzeugung seiner Gruppe. Er erfüllt die Aufgabe eines Priesters oder Arztes, nicht die eines Hexers. Im christlichen Abendland hingegen stehen Hexe und Zauberer abseits des religiösen Systems. Sie haben sich in Widerspruch zur Religion begeben und konnten daher – im Ge-

Darstellung eines Medizinmannes der nordamerikanischen Schwarzfußindianer (19. Jh).

gensatz zu den Schamanen und Medizinmännern außereuropäischer Kulturen – von der Kirche wie vom Staat gerichtlich verfolgt werden.

Gehilfe eines afrikanischen „Hexendoktors", der eine Zeremonie vorbereitet, um „Hexen" unschädlich zu machen.

INUIT
Die Inuit (Eskimos) auf Grönland sind längst christianisiert. Dennoch setzen sie sich mit ihrer Vergangenheit auseinander. Der Tupilak aus Narwalzahn stammt aus Ostgrönland und stellt einen Schamanen mit Trommel dar. Solche Gegenstände, aber auch Masken werden für Touristen und Sammler hergestellt.

Das Wort Voodoo, auch Wudu oder Vaudou, stammt aus der westafrikanischen Ewe-Sprache und bezeichnet einen Schutzgeist. Der Voodoo-Kult ist eine Mischreligion aus Westafrika, die mit den Sklaven nach Amerika und in die Karibik kam. In ihrer heutigen Form vereinigt sie afrikanische, karibische und katholische Elemente. In Haiti, dem modernen Zentrum des Voodoo, bildet er mit drei Vierteln der ansonsten katholischen Bevölkerung als Anhängern sogar eine eigene Volksreligion.

Was ist Voodoo?

In den Voodoo-Kulten gibt es schwarze und weiße Magie, gute und böse, heilende und schadende Zauberer. Sie opfern und tanzen ekstatisch, damit sich während der Trance die Götter direkt mit der versammelten Gemeinschaft treffen können. Dabei stört es niemanden, wenn neben Götterfiguren auch Bilder katholischer Heiliger stehen; dies hat der Voodoo mit vergleichbaren südamerikanischen Zauberkulten wie dem brasilianischen Macumba gemeinsam. Bekanntester Bestandteil des Voodoo ist die Gestalt des

In Trance ist diese Teilnehmerin eines Voodoo-Rituals auf Haiti in der Lage, durch Feuer zu gehen.

Zombie. Ursprünglich eine afrikanische Schlangengottheit gilt „Zombie" als jene Kraft, die einen Toten wieder belebt, zugleich aber als der wieder belebte Tote selbst. Der böse Zauberer versetzt, so glaubt man, einen Menschen durch bestimmte Giftdrogen in einen todesähnlichen Zustand und erweckt ihn nach wenigen Tagen wieder zum Leben. Als willenloses Werkzeug muss er dann Sklavenarbeit leisten. Seit den 30er-Jahren bildet die Gestalt des Zombie ein beliebtes Motiv in Horrorfilmen.

Was kann Magie bewirken?

Nur wenige Menschen sind heute allen Ernstes davon überzeugt, dass Hexen und Zauberer mit ihren Ritualen etwas bewirken könnten. Dennoch kann Magie funktionieren, wenn in geschlossenen Gesellschaften, etwa einem Stamm in Afrika, alle Mitglieder von der unheimlichen Macht des Hexers überzeugt sind. Ein Beispiel, das dies eindrucksvoll belegt, führt uns nach Australien: Dort gelangten Wissenschaftlern verblüffende Beobachtungen über die Wirkung des Todeszaubers der australischen Ureinwohner; eine natürliche Erklärung wie die Verwendung von Gift suchten sie vergeblich.

Für diesen Todeszauber benutzten die Ureinwohner des Kontinentes, die Aborigines, die „Schwirr- und Seelenhölzer" (tjurunga) oder die „Todesspitzen" (djurun). Mit diesen machtvollen Geräten riefen sie Regen herbei und schädigten oder töteten ihre Widersacher. Um die Kraft des Zaubergegenstands zu verstärken, verbanden die Männer zwei To-

desspitzen mit einer Schnur, schlangen das Bindeseil um den Kopf und steckten die Hölzer in das Haar der Schläfengegend. Im „bugari", dem Zustand angestrengten Denkens und Wünschens, glaubten sie, die von ihnen begehrten Frauen anlocken und weit entfernte Feinde töten zu können.

Wenn nun innerhalb einer Gruppe, eines geschlossenen Sozialverbandes, eines Familienclans, eines Stammes oder eines Dorfes alle Menschen gleichermaßen von der Macht der Geister und der Hexerei überzeugt sind, dann breitet sich Angst, ja sogar Todesangst aus. Jeder weiß, dass Angst krank machen kann, denn Angst frisst zuerst einmal die Seele, dann den Körper auf. Sieht man sich selbst als mögliches Opfer, dann kann sich diese Angst wie ein Krebsgeschwür auswirken und den Körper schädigen.

Man nennt diesen psychischen Effekt eine „sich selbst erfüllende Prophezeiung" (engl. „self-fulfilling prophecy"). Wer abergläubisch ist und keinen Zweifel daran lässt, dass die Zahl 13 eine Unglückszahl und Freitag der 13. ein Unglückstag sei, wird jedes auch noch so kleine Missgeschick mit dem Datum in Verbindung bringen. Er wird vorsichtig, verkrampft und zieht weiteres Unheil nahezu magnetisch an. Magie benötigt also, um wirksam zu sein, den festen Glauben, aber keine Gesetze, die ein Physiker zu erklären vermag.

Um die religiösen Gefühle der Aborigines nicht zu verletzen, sollen Schwirrhölzer nicht fotografiert werden. Abgebildet ist hier daher die Abreibung eines solchen Holzes.

PAN TAU

Ein wenig im Schatten der allmächtigen amerikanischen und britischen Zauberer stehen Bibi Blocksberg, die mit ihrem Besen namens „Kartoffelbrei" viel Schabernack treibt, oder der stets freundlich-verschmitzt lächelnde Pan Tau. Er liest den Kindern jeden Wunsch von den Augen ab und erfüllt ihn, indem er an der Krempe seiner Melone reibt.

BIBI BLOCKSBERG

Film ab für Hexen und Zauberer

Die modernen Naturwissenschaften, die einst aus der Magie entstanden waren, haben der Magie den Garaus gemacht. Sie räumen dem Wunder und dem Übernatürlichen in unserer Gesellschaft keinen Platz mehr ein. Doch unseren Wunsch nach Phänomenen, die sich jeder Erklärung entziehen, können sie nicht beseitigen. Magie aber findet in der Fantasie und im Reich der Wünsche statt. Sie bietet den Stoff für Märchen-, Film- und Fernsehhexen. Die Faszination der Hexerei ist ungebrochen, doch bisweilen zeigt sich hinter der Fassade der Zauberkünstler auch eine gehörige Portion Wehmut. Ob Bibi Blocksberg oder Sabrina aus der gleichnamigen Comedy-Serie – manchmal wären sie recht froh, ganz normale Menschen ohne Zauberkräfte zu sein. Vielleicht löst sich hier das Rätsel unseres Interesses an Hexen, Zauberern und der Macht der Magie. Eigentlich ist Harry Potter ein ganz normaler, weder besonders kluger noch schöner oder starker Typ. Doch mit der Magie besitzt er ein Mittel zur Lösung von Schwierigkeiten. Wir wünschen uns, so zu sein wie er, ein guter Held. Damit aber führt uns Magie zurück in das Reich unserer eigenen Fantasien und Wünsche – die einzige Kraft, die Magie je besessen hat.

TRICKFILM

Angesichts der Beliebtheit von Hexen- und Zaubererfiguren wollten auch die Autoren und Zeichner der Walt Disney Productions nicht nachstehen. Sie schufen die Hexe Gundel, die es auf die Glücks-Münze Onkel Dagoberts abgesehen hat und das Leben von Donald Duck aus Entenhausen gehörig durcheinander bringt. Aus der Feder der Disney-Künstler stammt auch die Hexe aus dem Trickfilm „Cinderella" (oben). Alle diese Gestalten verbindet eines: Sie sind gut, helfen den Menschen und vor allem den Kindern; sie besiegen das Böse, und sollten sie wie die Comic-Hexe Gundel böse Züge annehmen, dann unterliegen sie.

COMIC

Der bekannteste Druide aller Zeiten ist der alte Miraculix mit dem langen weißen Bart und den ungekämmten Haaren aus dem Comic „Asterix". Er braut für die unbeugsamen Gallier seines Dorfes den Zaubertrank, der zu übernatürlicher Kraft verhilft. Was in diesen alles gehört, erfährt der Leser nicht, nur dass die Zweige der Mistel unabdinglich sind. Gelegentlich wird der keltische Zauberer zwar von den Römern entführt, immer aber von seinen Galliern befreit.

(HORROR)FILME

Zur Beliebtheit von Hexen und Zauberern haben nicht zuletzt die Verfilmungen beigetragen. Vom klassischen Märchenfilm bis zu Roman Polanskis „Rosemaries Baby", von Komödien wie „Die Hexen von Eastwick" oder „Hocus Pocus" mit Bette Midler (rechts) bis hin zu Horrorfilmen wie „Der Hexenjäger" – Hexen und Zauberer bevölkern in der Geschichte des populären Films mit schöner Regelmäßigkeit die Leinwände der Kinosäle.

HARRY POTTER

Der Waisenjunge Harry Potter scheint ein ganz normaler Junge mit strubbeligen Haaren und einer großen Brille zu sein. Doch obwohl er sich noch immer in der Ausbildung befindet, hat er sich zum berühmtesten und begabtesten Zauberer aller Zeiten hochgearbeitet. Denn dass er zaubern kann, hat er längst bewiesen; bereits nach vier Bänden hat er seine Erfinderin, die englische Schriftstellerin Joanne K. Rowling (geb. 1965), zu einer der reichsten Frauen der Welt gemacht. Obwohl ihm die magischen Fähigkeiten in die Wiege gelegt worden sind, muss er die Hogwarts Schule für Zauberei und Hexerei besuchen. Dort lernt er die alten Hexenkünste und besteht Abenteuer, von denen seine Leser (und die Kinobesucher) nur träumen können.

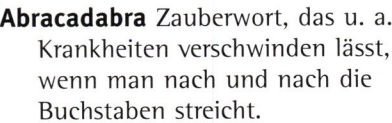

Kleines ABC für Zauberlehrlinge

Abracadabra Zauberwort, das u. a. Krankheiten verschwinden lässt, wenn man nach und nach die Buchstaben streicht.

Alchemie arabisch al-chimiya, Chemie.

Astrologie Kunst der Sterndeutung für die Charakterdeutung und die Zukunftsvorhersage.

Alraune auch Galgenmännlein oder Mandragora genannt, menschenförmige Wurzel, der man Zauberkräfte nachsagte.

Bergkristall hilft wegen seiner Klarheit bei Augenkrankheiten.

Bibliomantie Wahrsagung durch Aufschlagen einer Buchseite.

Böser Blick Fähigkeit einer Hexe oder eines Zauberers, einen Menschen durch Anstarren oder Zuwerfen eines Blickes zu behexen.

Chiromantie Wahrsagung aus den Linien der Hand.

Dämon Böser, körperloser Hilfsgeist, der die Anweisungen einer Hexe oder eines Zauberers ausführt.

Drudenfuß auch Pentagramm, fünfzackiger Stern, der u. a. Zauber und Schaden abwehren soll.

Exorzismus Austreibung eines Dämonen aus dem menschlichen Körper.

Festmachen magische Kunst, den Körper unverwundbar zu machen.

Geomantie Wahrsagekunst mittels Punkten im Sand, Wachs oder auf Papier.

Hämatit schwärzlich-rötlicher Halbedelstein, stillt Blut.

Hexagramm auch Davidschild oder Davidstern, sechszackiger Stern und magisches Zeichen; begegnet häufig als Amulett.

Invultuatio Zauber mit Bildern aus Ton, Wachs usw.

Jezira auch Sefer Jezira, grundlegende Schrift der Kabbala.

Kabbala Oberbegriff für jüdische mystische Schriften. Die Buchstaben- und Zahlensymbolik findet Anwendung in magischen Praktiken.

Kristallomantie Weissagung mit Hilfe einer Kristallkugel oder einer spiegelnden Oberfläche.

Lilith Kindbettdämonin, auch erste Frau Adams.

Nekromantie Wahrsagung mit Hilfe eines herbeizitierten Totengeistes.

Nestelknüpfen Knoten in einer Schnur bewirken das Verschließen aller Körperöffnungen und damit Impotenz bzw. Unfruchtbarkeit.

Oneiromantie Zukunftsdeutung auf der Grundlage von Träumen.

Quadrat Buchstaben oder Zahlen im magischen Quadrat ergeben immer die gleichen Wörter oder Zahlensummen.

Rhabdomantie Weissagung mit Hilfe einer Wünschelrute.

Teufelspakt Vertrag mit dem Teufel als Voraussetzung für zauberische Handlungen.

Unsichtbarkeit Seit dem 18. Jahrhundert enthalten Zauberbücher Anleitungen, wie man sich unsichtbar machen kann.

Vampir Untoter, der von Menschenblut lebt und Knoblauch scheut.

Zahlenmagie Zauber mit Hilfe von Zahlenkombinationen.

Langfinger aufgepasst!
damit dieses Buch nicht gestohlen wird, empfiehlt das „6. und 7. Buch mosis", folgenden spruch auf eine leere seite zu schreiben:
„dieses Buch ist mir lieb, wer es stiehlt, der ist ein dieb, es sei herr oder knecht, der galgen ist sein recht. kommt er an ein haus, so jagt man ihn heraus. kommt er an einen graben, so fressen ihn die raben. kommt er an einen stein, so bricht er hals und bein".

WAS IST WAS BAND 78 **Geld**

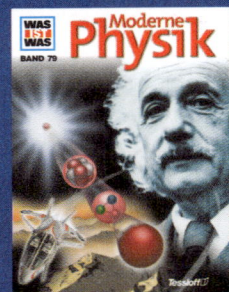

WAS IST WAS BAND 79 Moderne **Physik**

WAS IST WAS BAND 80 **Tiere** wie sie sehen, hören und fühlen

WAS IST WAS BAND 81 **Die Sieben Weltwunder**

WAS IST WAS BAND 82 **Gladiatoren**

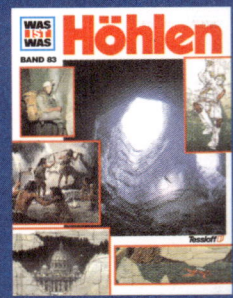

WAS IST WAS BAND 83 **Höhlen**

WAS IST WAS BAND 90 Der **Regenwald**

WAS IST WAS BAND 91 **Brücken**

WAS IST WAS BAND 92 **Papageien** und Sittiche

WAS IST WAS BAND 93 **Olympia** Vom Altertum bis zur Neuzeit

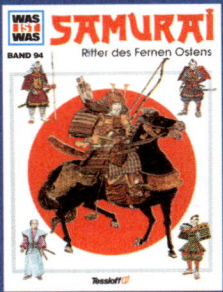

WAS IST WAS BAND 94 **SAMURAI** Ritter des Fernen Ostens

WAS IST WAS BAND 96 **Haie** und **Rochen**

WAS IST WAS BAND 102 Unser **Kosmos** An den Grenzen von Raum und Zeit

WAS IST WAS BAND 103 **Demokratie**

WAS IST WAS BAND 104 **Wölfe**

WAS IST WAS BAND 105 **Weltreligionen**

WAS IST WAS BAND 106 **Burgen**

WAS IST WAS BAND 107 **Pinguine**

WAS IST WAS BAND 114 **Feuerwehr**

WAS IST WAS BAND 115 **Bären**

WAS IST WAS BAND 116 **MUSIK INSTRUMENTE**

Die Reihe wird fortgesetzt.